Gottschalk-Batschkus, Christine E. & Reichert Dieter:

Wanderer zwischen den Welten - Schamanismus im neuen Jahrtausend /

Christine E. Gottschalk-Batschkus & Dieter Reichert. 1. Aufl. - Murnau:

Reichert Verlag, 2000.

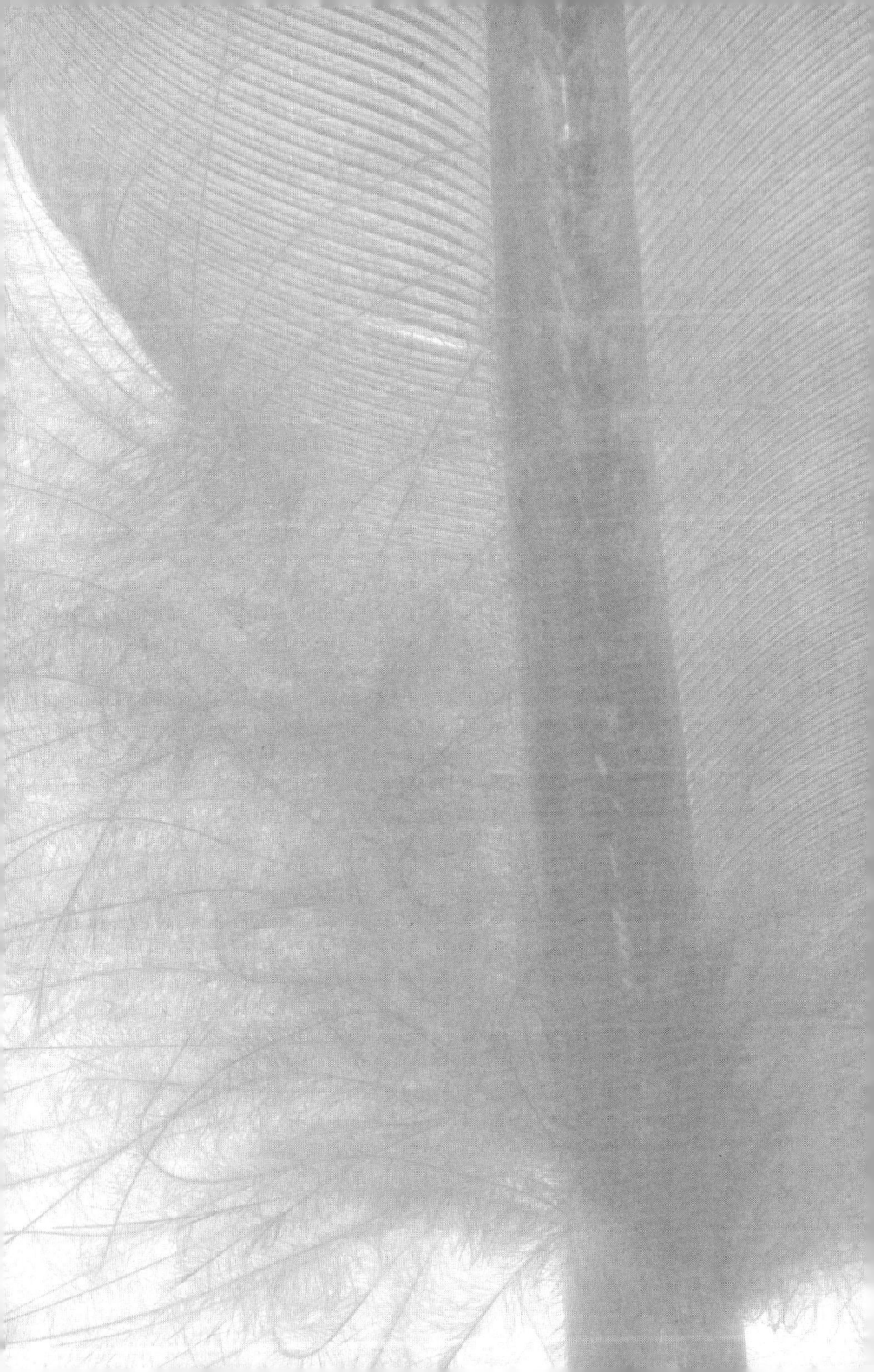

Tagungsband

WANDERER ZWISCHEN DEN WELTEN

INHALT

Herausgeber:

Christine E. Gottschalk-Batschkus
Arbeitsgemeinschaft Ethnomedizin (AGEM)
Melusinenstr. 2
D – 81671 München

Dieter Reichert
Reichert Organisation & Verlag
Christoph-Probst-Str. 5
D – 82418 Murnau

VORWORT: So verschieden die Geschichten über den Schamanismus aller Kulturen sind, so vielfältig zeigt er seine Gesichter, und doch, was sich wie ein roter Faden durch diese ganzen Ausdrucksformen zieht, ist es die ungeheure Wirkungskraft, die schamanisches Heilen auf die Menschen und das Leben der jeweiligen Kultur ausübt. Angezogen von dem tiefen Wissen und Können der traditionellen Heiler, beginnt nun die westliche Welt, sich auf alte Kulturen zuzubewegen, in der Hoffnung, wieder inneren Frieden zu finden, Ganzheit und Heilung zu erfahren. Unsere Verantwortung ist groß, nicht zu zerstören, was wir zu entdecken hoffen.

Deshalb möchten wir mit diesem Buch einen sensiblen Weg einschlagen und einen neuen Zugang zum uralten Wissen schaffen. Wir werden ganz leise und lauschen den Stimmen der Schamanen und derer engsten Vertrauten. Wir lauschen den Forschern, die Jahrzehnte ihres Lebens damit verbrachten, einen einzigen Menschen in einer Kultur zu erforschen. Wir sehen, was der Forscher sah, erfahren, was ihm begegnete. Und tatsächlich schildern die Wissenschaftler in diesem Buch authentisch ihre Erlebnisse mit den Schamanen, das Übertreten in andere Realitäten, das Entdecken von Kräften außerhalb des Sichtbaren.

"Mir ist, als hätte ich damals eine Tür aufgestoßen, die womöglich nur angelehnt war und seitdem nicht mehr zugefallen ist", schreibt Amélie Schenk über ihre Begegnung mit Baawai, dem mongolischen Schamanen. Wolf Dieter Storl empfindet die Mitteilung einer Vision des Cheyenne-Schamanen George Elkshoulder als *"... ein wunderbares Geschenk, welches seither einen nicht wegzudenkenden Einfluß in meinem Leben ausübt und meine Arbeit mitprägt."*
Und Gerhard Tucek reagierte auf eine schamanische Geschichte: *"Von einem Moment auf den anderen schoß mir ein Tränenschwall in die Augen, und ich weinte stundenlang, ohne den Grund dafür zu begreifen."*

Das sind mitreißende Gefühle, Quellen der Erkenntnis des Besonderen, Ahnung von Schicksalen, die wir erfahren dürfen. Und beim genaueren Studium keimt eine Bewunderung, eine Hochachtung vor der Weisheit dieser einzigartigen Menschen. Sie sind doppelt leidgeprüft, durch die Schamanenkrankheit und ihre Lehrzeit einerseits und durch den Untergang oder die Unterdrückung ihrer Familien und Gesellschaft andererseits.

Sie hätten allen Grund, ihr Wissen vor uns geheim zu halten und den Vorhang niemals zu lüften. Ihre Geister haben sich zurückgezogen: *"Die Naturgeister, die damals, als die ersten Missionare und Trapper kamen, sind zusammen mit den Büffeln in das unterirdische Reich der Großmutter Eskehemann geflohen."* (George Elkshoulder)

Ihre Familen sind zerrüttet: *"Die ins Land eindringenden Kolonialmächte entführten den sechsjährigen Peter und seine Familie, und sie wurden gewaltsam zu einer 600 km weiter südlich gelegenen Missionsstation transportiert. Peter und seine Familie wurden in Ketten gelegt und gezwungen, den weiten Weg zur Missionsstation unter der Aufsicht von bewaffneten Truppen zurückzulegen. An einer Straßenkreuzung wurde Peter von seiner Mutter getrennt. Er hat sie seitdem nicht mehr gesehen..."* (Peter Costello)

Ihre Privatspähre wird vermarktet: *"Im Film, den die mongolische Fluggesellschaft auf ihren Auslandsflügen zeigt, ist eine Sequenz mit unserem Schamanen Zeren zu sehen. Er steht für das Urtümlich-Geheimnisvolle, die schamanische Urkraft des Landes, und wirbt dafür, ohne daß er je darum gefragt, geschweige denn dafür entlohnt wurde."* (Amélie Schenk)

Warum nun nehmen Schamanen uns Heil- und Wissensuchende so großzügig mit in ihre Welt und lassen uns an ihrem Wissen teilhaben - trotz des Mißbrauches, den sie so schmerzhaft zu spüren bekommen? Vielleicht ist die Antwort des Aborigines Costello die einzig treffende: *"Liebe ist die einzige Antwort, denn was sollte mehr Macht haben? Sicherlich gibt es keinen anderen Weg als den Weg der Liebe."* Die Schamanen bringen uns den Segen und die Erkenntnisse ihrer Völker und lassen uns an ihrem spirituellen Erbe und heilenden Fähigkeiten teilhaben. Inmitten der heutigen Realität geben sie uns Werkzeuge in die Hand, die den diagnostischen Methoden unserer Apparatemedizin teilweise überlegen sind: *"Im Zustand der Tieftrance besitzen die meisten Lhamo's den sogenannten Röntgenblick. Dieser Blick durchdringt Felswände und Mauern ebenso mühelos wie den menschlichen Körper. Krankheit und Störungen können umgehend erkannt werden."* (Christina Hell)

"Die westliche Medizin bedient sich sogar oft - auch wenn zum Teil mit kolonialer Überheblichkeit und Abwertung - aus dem schamanischen Wissen. So entstammen eine Reihe der wichtigsten heute in der westlichen Medizin verwendeten Arzneimittel dem Kräuterwissen der Schamanen. Einzelne Konzerne gingen auch so weit, sich alte Pflanzenrezepturen patentieren zu lassen und damit dem Zugriff der traditionellen Heiler rechtlich zu entziehen." (Andreas Reimers)

7

Die Autoren erzählen in diesem Buch ihrer persönliche
Begegnung mit Schamanen verschiedenster Kulturen.

Alle diese Schamanen wurden
zur Internationalen Konferenz von:

- *ZIST e. V. (Zentrum für Individual- und Sozialtherapie),*
- *AGEM e. V. (Arbeitsgemeinschaft Ethnomedizin),*
- *Reichert-Organisation und*
- *SAC (Society for the Anthropology of Consciousness, USA)*

vom 24. bis 29. Oktober 2000
in Garmisch-Partenkirchen
eingeladen.

Wir brechen mit unseren ganz besonderen Gästen in ein
neues Jahrtausend auf, um einen neuen Weg einer interkulturellen
Kommunikation zu beschreiten und an universellen Methoden
für Heilung und Gesundheit zu arbeiten. Von unserer Vision lassen
wir und unsere Verbündeten in diesem Buch nicht ab: Eine Vision
von einer gemeinsamen großen Kraft, die Grenzen einreißt, die
die Menschen aller Völker zusammenwirken und einen neuen
Weg des Lebens und des Heilens einschlägen läßt.

Lassen Sie sich dazu einladen, ein "Wanderer zwischen den Wel-
ten" und Kulturen zu werden - jetzt an der Schwelle in ein neues
Jahrtausend.
Bedanken möchten wir uns noch bei allen Helfer/innen, die dieses
Buch in der Kürze der Zeit haben entstehen lassen.
Besonders bei Anne Devillard, Chefredakteurin der Zeitschrift
Natur & Heilen und Eva Wenderoth für ihre unermüdliche
Mitarbeit an diesem Buch. Die grafische Gestaltung des
Münchner Grafikers Christian Weiß gab dem Inhaltlichen
noch den letzten Schliff.

Christian Rätsch
Christine E. Gottschalk-Batschkus
Dieter Reichert

Hamburg, München und Murnau
im Oktober 2000

Papa Elie Hien

MEINE WAFFE IST DIE LIEBE

Von Norma Kolb

Elie Hien, 1941 geboren, gehört dem *Dagara*-Stamm in Burkina Faso (Westafrika) an und lebt derzeit mit seiner Familie in Frankreich. Er wirkt als Schamane, als Heiler und gibt Seminare für Therapeuten und interessierte Menschen.

Was macht Elie Hien so einmalig? Wie läßt sich seine besondere Wirkung beschreiben? Zwei nüchterne Sätze, die es gilt, mit Leben zu erfüllen...

Stolz, Kraft und Enthusiasmus sind Wörter, die passend erscheinen, Elie Hien zu beschreiben.

Ja, Elie Hien ist stolz. Er steht aufrecht wie ein starker Baum, denn seine Wurzeln reichen tief in den Boden der afrikanischen Tradition.

Der Stamm ist kräftig: „Ich habe keine Angst vor dem Tod. Sollte mich jemand töten wollen, hätte ich Mitleid mit ihm."

Die Krone zeigt sich ausladend und reicht gleichmäßig in alle Himmelsrichtungen, denn die Lehren Elie Hiens wollen ein umfassendes Bewußtsein vermitteln.

Sein Titel *Titioulo* bedeutet mehr als „nur" Schamane oder Medizinmann. Ein *Titioulo* hat die Fähigkeit, mit den Naturkräften, mit den Pflanzen und Tieren zu kommunizieren.

Einfach ist es nicht für uns westliche Menschen, die gewohnt sind, Bescheidenheit als eine Tugend anzusehen, zu akzeptieren, wenn Elie Hien von sich sagt: „Ich bin ein Meister und lebe auf einer anderen Daseinsstufe als die meisten Menschen." Und doch – ist es nicht gerade die absolute Überzeugtheit und innere Kraft, die wir suchen, wenn wir das Bedürfnis nach einem Lehrer haben?

Mit großer Intensität und Emotionalität ruft Elie Hien, wo immer sich ihm eine Möglichkeit bietet, dazu auf, der Zerstörung unseres Lebensraums Einhalt zu gebieten, denn er ist von einer umfassenden Liebe zur Welt durchdrungen. Das Ausmaß seines Enthusiasmus zeigen seine eigenen Worte am besten:

„Ich muß schreien. Ich schreie in die heutige Welt hinein: Merkt ihr nicht, daß wir am Sterben sind? Ich schreie nicht, um persönlich gerettet zu werden. Ich schreie, damit die Menschen verstehen, daß die Kinder dieser Erde im Sterben liegen! Die Menschen müssen aufwachen und etwas dagegen unternehmen!"

Er will uns unsere Verantwortung bewußt machen, uns klarmachen, daß wir dabei sind, uns jeglicher Grundlage unseres Lebens zu berauben: „Ich muß den Menschen sagen, daß der Planet Erde im Sterben liegt. Ich muß deswegen oft weinen... Es kann doch aber nicht sein, daß der Mensch die Schöpfung und sich selbst zugrunde richtet. Daß er die Pflanzen und Tiere zerstört, die lange vor ihm entstanden sind. Vermutlich wird dieser Planet eines Tages den Monstern gehören, denn nur sie werden in der Lage sein, mit der Verseuchung zu leben, die die Menschen zu schaffen dabei sind."

Als Gegenentwicklung ruft Elie Hien zur spirituellen Entwicklung auf. „Ich fordere euch auf, spirituelle Wesen zu werden und einen höheren Geist zu entwickeln. Dieser Geist muß eine Verpflichtung für das ganze Leben sein, für unsere Zivilisation und alle gesellschaftlichen Bereiche. Er muß alle Gesetze beeinflussen, die bestehenden und die zukünftigen."

Den spirituellen Weg zu gehen bedeutet für Elie Hien, das Ego niederzuringen, sich dem Größeren zu verschreiben. „Es gehört zum spirituellen Weg, den Egoismus zu überwinden. Das muß allen Menschen beigebracht werden!" Die Aufgabe des spirituellen Menschen ist zu lieben. Auch das vermittelt Elie Hien in der ihm eigenen Unbedingtheit, denn er fordert „einen Krieg der Liebe" und plädiert für „Schulungszentren, die zur Liebesfähigkeit und Nächstenliebe erziehen."

Fünfzig Jahre der Besinnung lassen Elie Hien – fast erbarmungslos – für die Liebe kämpfen. Mehr noch, er fordert die Menschen auf, Christus an Liebe und Güte zu übertreffen. Mit der Liebe meint er nicht das Schwelgen in Gefühlen, sondern es geht ihm um die tätige Liebe, um Verwirklichung, um das aktive Hineintragen der Liebe in die Welt.

Papa Elie Hien bezeichnet sich selbst als Beobachter und Denker, unermüdlich strebend nach Entwicklung und wachsender Weisheit, und er fordert dies in gleicher Weise von uns. Auch wir sollen den Weg in Richtung von Wissen und innerer Reife einschlagen. Dazu braucht es Behutsamkeit und Geduld, „geduldig sein wie eine Schildkröte".

Als spiritueller Lehrer gibt Elie Hien den westlichen Menschen bereitwillig und auf recht unorthodoxe Weise sein Wissen – das mündlich überlieferte uralte Wissen Afrikas – weiter.

Seine Aufgabe sieht er darin, "die kostbare Essenz der alten afrikanischen Tradition neu ins Bewußtsein der jungen afrikanischen und europäischen Generation zu bringen."

Der Mensch sollte den spirituellen Weg durch Meditation und Beten betreten. Papa Elie sagt: „Der spirituelle Weg bedarf eines behutsamen Studiums, behutsam wie die Schildkröte ihres Weges zieht." Papa Elie sieht in der Schildkröte das stärkste Tier, das weder von einem Löwen noch von einem Elefanten überwältigt werden kann.

In seinen Seminaren verbinden sich die Bereiche Farbenlehre, Numerologie, Kristallwissen, Musik und Rhythmus ganzheitlich zu einem farbigen Zusammenhang.

Im Rad der *Dakara* wird die kosmische Weltsicht repräsentiert. In der Kosmogonie Schwarzafrikas wird die ganzheitliche Ausdeutung des Menschen sichtbar, und das Körper-Rad dient dem schamanischen Heiler als Orientierung für seine Heilungen. Anhand dieser Räder, deren genaues Studium unabdingbar ist, können die Stärken und Schwächen eines Menschen sichtbar gemacht werden. Es ist nun seine Aufgabe, diese Schwächen zu erkennen, anzunehmen und sie zu bearbeiten, denn erst im Streben nach Ganzheit kann er heil und glücklich werden.

Neben der Weitergabe spiritueller Lehren ist es Papa Elie Hien ein wesentliches Anliegen, der westlichen Welt klarzumachen, daß eine Verbindung zwischen Kultur und Traditionen notwendig ist. Damit meint er die Auseinandersetzung mit der Kultur und den Traditionen Schwarzafrikas, die uns unsere eigene keltische Abstammung und Kraft bewußt machen soll.

„Mir liegt daran, die afrikanische Medizin, die afrikanische Wissenschaft, die afrikanischen Religionen, die afrikanische Psychologie, das afrikanische Wissen und die afrikanische Weisheit wieder in den Mittelpunkt zu rücken. Schwarzafrika ist voll großer Weisheit... Aber beachten die Menschen eigentlich diese Weisheit, die kostbarer ist als Gold und Diamanten? Wie oft habe ich sie gebeten, das zu tun! Sie können es nicht. Sie sind zu sehr um die materielle Seite des Lebens besorgt." ... „Der afrikanische Mensch trägt noch die Quelle der uralten Weisheit in sich. Seine Weisheit ist die wahre Religion, denn sie sensibilisiert ihn für seine Abstammung. Das macht ihm das Töten unmöglich."

Elie Hien klagt die zivilisierten Länder immer wieder bitter an, weil sie Waffen fertigen und verkaufen und somit das Töten zum Geschäft machen. Außerdem appelliert er an die Afrikaner, die zu schwarzen Europäern geworden sind, zu ihrer eigenen Tradition zurückzukehren, um nicht Teil zu haben an diesem zerstörenden und zerstörerischen Verhalten.

„Liegt das Holz auch noch so lange im Wasser, es wird niemals zu einem Krokodil werden." Dieses Sprichwort benutzt Papa Elie Hien gern, um deutlich zu machen, auf welche Weise die Christianisierung Afrikas nur eine oberflächliche Wirkung haben konnte. Wenn man zu Gott betet, muß man zuerst die Erde anbeten, denn die Natur ist Gott. Die Erde ist ein „Erinnerungsgeschenk Gottes", das es gilt zu würdigen und zu ehren. Die Menschen jedoch werfen dieses Geschenk leichtfertig fort und sprechen dennoch ständig davon, daß sie Gott suchen.

Ohne Angst richtet sich Papa Elie's Aufruf an die westlichen Menschen. Die Afrikaner brauchen weder die christliche Religion noch den Islam. Sie brauchen ihre eigene Tradition, aus der sie ihre spirituelle Stärke und ihre Lebenskraft schöpfen können.

Mit Leidenschaft und Zorn spricht er die bedrohliche Botschaft aus: „ Es war ein großer Fehler der Oberhäupter des Islams und des Christentums, die schwarzen Menschen zu missionieren und ihnen falsche Hoffnungen zu machen. Auf diese Weise haben wir unsere Kultur verloren. Wenn es uns nicht gelingt, zu unserer ureigensten Kultur zurückzufinden, wird es nur noch wenige Afrikaner geben, die in ihrem Leben Erfolg haben."

„Die Menschen müssen wieder den spirituellen Aspekt in ihr Denken einbeziehen. Sie müssen innerlich vorankommen, anstatt auf alles zu schießen, was sich bewegt. Unentwegt sind wir bemüht, schädliche Dinge an unsere Seele zu heften. Auf diese Weise kann nichts vorankommen. Es bedarf einer tiefgreifenden Veränderung in den Herzen und Köpfen der Menschen."

Elie Hien spricht über seine Heilmethoden, die er Beratungssysteme nennt (Zahlen, Farbe, das Rad, Kristalle, Bewegungsübungen) und die er je nach Störung bei dem jeweiligen Patienten einsetzt, auch gibt es Anwendungen, in denen er die einzelnen Methoden verbindet.

Symbole bezieht er aus der Tierwelt, dabei begegnet man immer wieder der Schildkröte, die das stärkste Tier mit der größten Abwehrkraft und Überlebensstärke ist. Er rät den Menschen, die Gesetze der Planeten zu respektieren und damit die menschlichen Gesetzgeber zu „überrennen". „Die Natur ist unser Meister."

Die *Dagara* haben einen zentralen Begriff, der in der Heilkunst die wesentlichste Rolle spielt: das „*Bao*". Es umschreibt den Ursprung und die Entwicklung einer Handlung. Dabei handelt es sich um Fehler, die man unwissentlich begangen hat. War eine Handlung schlecht und hat jemandem geschadet, muß sie wieder gutgemacht werden: Man muß das „*Bao*" wieder gutmachen. Nirgendwo gibt es ein Lebewesen, das diesem Gesetz entfliehen kann. Das verlangt von jedem von uns Aufmerksamkeit für alles, was um uns herum geschieht.

Dazu sei folgende Geschichte erzählt:

„Einmal bin ich nach Dano gekommen, weil eine weiße Ordensschwester nach mir gerufen hatte. Sie sagte zu mir: 'Ich kann einfach nicht verstehen, wieso manche Menschen nicht gesund werden, obwohl sie ins Krankenhaus gebracht wurden, dort schliefen und monatelang mit Medikamenten behandelt wurden. Dann kommen eines Tages die Verwandten und nehmen sie mit nach Hause. Und was passiert? Eine Woche später kann man sie gesund auf dem Markt sehen und sie begrüßen! Ich begreife nicht, wie sie geheilt wurden!' Die Antwort darauf ist ,*maal bao*'. Wenn der Mensch auf seiner geistig-seelischen Ebene angegriffen wird, kann er auf seiner höchsten Ebene krank werden. Seine verschiedenen geistig-seelischen Zentren erkranken. Und wenn diese krank sind, kann sich die Krankheit auch im grobstofflichen Körper einnisten. Gelingt es jedoch die Zentren wieder in Schwung zu bringen, hat die körperliche Krankheit keine Chance. Dann beginnt der Körper wieder zu strahlen. Nichts muß operiert oder transplantiert werden! Das ist meine Art der Behandlung."

Dies alles sollte man wissen, wenn man Papa Elie Hien kennenlernen darf: Er kam in die westliche Welt, um Afrika und damit auch uns zu helfen, weil wir eben alle Kinder dieser Erde sind und der eine mit dem anderen tief verbunden ist und in Liebe verbunden sein soll.

Elie Hien hat eine Vision:

„Alle Menschen, Araber, Chinesen, Europäer, Amerikaner, alle Menschen müssen sich zusammenschließen, über die Probleme sprechen und Zeremonien durchführen. Jeder sollte seinen Beitrag dazu leisten, die Menschen zusammen zu führen, damit sie ihren Streit untereinander bekämpfen. Auch die Schwarz-Afrikaner und die Indianer, die von den Weißen aus ihrer angestammten Heimat vertrieben wurden, sollten verzeihen.

Papa Elie Hien's Credo ist in einem Satz erhellt:

„Meine Waffe ist die Liebe."

Das ladakhische Orakel Lhamo Tsewang Dolma

HEILEN IN DER TRANCE

Von Christina Hell

Lhamo Tsewang Dolma ist eines der beiden bedeutendsten "Orakel" Ladakhs.
"Orakel" ist die in der Literatur übliche Bezeichnung für Schamanen und Schaman-
innen des tibetischen Kulturkreises.
Tsewang ist 44 Jahre alt, hat vier Kinder und lebt mit ihrer Familie in der Nähe der
Hauptstadt Leh. Ihre Heimat Ladakh, auch "Klein-Tibet" genannt, liegt, eingebettet
in die zerklüfteten Bergmassive des Transhimalayas, im äußersten Nordwesten
Indiens. Erst 1974 wurde es für den Tourismus geöffnet. Die traditionelle tibetische
Lebensweise, Kultur und Religion blieben daher weitgehend unberührt von den Spu-
ren der "Zivilisation". Noch heute ist Ladakh ein Flecken Erde voller Spiritualität und
Magie, voller Mythen und Rituale.

Das tibetische Orakelwesen

In der tibetischen Kultur hat das Orakelwesen eine uralte Tradition.
Sie bestand schon Jahrtausende vor der Einführung des Buddhismus.
Die archaische Religion Tibets, der *Bön*, ist ein schamanistisch geprägter Animismus
mit stark magischen Zügen. Im *Bön* wird die gesamte Natur als beseelt betrachtet.
Die kosmischen Kräfte und die Prinzipien der Natur werden als Geister und Götter
gesehen und verstanden, die Nutzen oder Schaden bringen können, je nachdem,
ob man sich in ihre Gesetze fügt oder diese mißachtet. Das höchste Gesetz ist die
Aufrechterhaltung der kosmischen Harmonie. Das höchste Wissen basiert
wiederum auf dem Einblick in jene Gesetzmäßigkeiten. Außergewöhnliche,
übermenschliche Fähigkeiten werden erreicht, indem man lernt, mit den
kosmischen Kräften umzugehen.

Im Volksglauben des *Bön* spielt der Glaube an Götter, Geister und Dämonen nach wie vor eine übergeordnete Rolle. Leben und Tod, Alltag und außergewöhnliche Ereignisse werden von ihnen bestimmt, und es gilt, sie durch Opfer, Rituale, Gebete und ein rechtschaffenes Leben stets günstig zu stimmen. Fühlen sich die Geister in ihrem Wirken beschränkt, üben sie Rache und schicken Unglück, Krankheit und Tod. Daß diese Lebenseinstellung keineswegs "primitv" ist, wie es in der frühen Völkerkunde oft dargestellt wurde, sondern auf einem tiefen Einblick in das Wesen der Natur beruht, soll an einem Beispiel verdeutlicht werden:

Baut eine Familie ein Haus an einer Stelle, an der die schlangenförmigen Geister des Wassers leben, werden diese ziemlich schnell Rache üben. Dann zeigen sie ihr dämonisches Gesicht und überschatten das Leben der Hausbewohner mit Unruhe, Leid und Krankheit.

Kein Mensch wird sich auf Dauer an einem Ort wohl fühlen können, den schon andere Wesen für sich beanspruchen, sagt der Tibeter. Inzwischen wissen wir, daß es sich bei den Schlangengeistern um unteridische Wasseradern handelt, die auf den Organismus eines Menschen fortwährend störende Einflüsse ausüben. Wir haben gelernt, die bildreiche Sprache der Naturvölker in unser wissenschaftlich und intellektuell orientiertes Denken zu übersetzen. So nennen wir diese Schlangengeister Wasseradern.

Heute ist das Orakelwesen mit dem Buddhismus verschmolzen und die Gottheiten des *Mahayana*-Pantheons haben die animistische Welt des *Bön* erheblich erweitert. Denn die Kosmographie des *Mahayana*-Buddhismus liefert die mit Abstand detaillierteste Landkarte des metaphysischen Universums, die uns zur Zeit auf der Welt zur Verfügung steht. Der *Mahayana* unterscheidet im wesentlichen drei kosmische Sphären:

1) die Welt der Erscheinungen, d. h. die sinnlich wahrnehmbare Welt,
2) die Astralwelt und
3) die geistige Welt, die jenseits aller Form existiert.

Diese drei Welten sind wiederum in verschiedene Dimensionen aufgeteilt.

Die einheimische Bezeichnung für tibetische Schamanen oder Orakel lautet schlicht und einfach "*Lha*"/Geist. Ein weibliches Orakel ist eine Lhamo. Der Aufgabenbereich der *Lha/mo´s* ist sehr unterschiedlich und von den Wesenheiten abhängig, mit denen sie kommunizieren. "Niedere Wesen können die Höheren und ihre Welten nicht sehen und verstehen, wohl aber die Höheren die Niederen", heißt es. Krankenheilung, Regenmachen, das Wetter beeinflussen, Erd- und Wassergeister besänftigen gehören genauso zu den Aufgaben eines *Lha/mo* wie Prophezeiungen und Voraussagen in wichtigen politischen und wirtschaftlichen Entscheidungssituationen.

Der Grad der persönlichen Entwicklung bzw. des Bewußtseinszustandes – die Tibeter würden sagen "das Karma" – bestimmt, zu welchen Welten ein *Lha/mo* Zugang haben wird. Äonen von Leben sind notwendig, um ein Orakel erster Güte wie Tsewang Dolma zu werden. Ihr Körper ist fähig, Geistwesen aus den höheren Welten mit einer sehr subtilen Energie zu empfangen, einer Energie, welche die feinen Nervenkanäle eines "normalen" Menschen in wenigen Augenblicken versengen würde.

Tsewang Dolma ist seit 17 Jahren eine Lhamo. Abwechselnd stellt sie ihren Körper drei Wesen aus der geistigen Welt, der dritten Dimension, zur Verfügung: dem "Medizin-König" *Mhanla Gyalpo*, *Jetsun Mai-Khor*, einem weiblichen Geist aus der Gefolgschaft der Göttin *Dolma(1)*, und einem bisher von uns noch nicht identifizierten Geist namens *Tsemo-Narayan*. Aufgrund der hohen Herkunft ihrer Geister ist Tsewang Dolma in Ladakh kein "normales Orakel". Sie ist ausschließlich für die Beratung in Staatsangelegenheiten und die Behandlung von schwer heilbaren Krankheiten zuständig.

Tieftrance und Krankheilung

Die tibetischen *Lha/mo´s* "reisen" nicht, wie dies in vielen anderen schamanistischen Kulturen der Fall ist, in die Welt der Geister. Vielmehr stellen sie ihren Körper einer geistigen Intelligenz zur Verfügung, um dieser die Möglichkeit zu geben, direkt zu den Menschen zu sprechen und Wissen und Energien aus der metaphysischen Welt zu vermitteln. Dies geschieht in Tieftrance.

In der Tieftrance lösen die Orakel ihr Individualbewußtsein auf, um dem höheren Bewußtsein der angerufenen Wesenheit Raum zu schaffen. Als äußeres Zeichen des veränderten Bewußtseinszustandes tragen die *Lha/mo´s* bei ihren Sitzungen stets das traditionelle Ornament der tibetischen Orakel: eine fünfzackige Krone, ein farbenprächtiges Tuch, mit dem sie ihren Körper verhüllen, sowie die tibetische Ritualglocke und den Donnerkeil, Symbole für das weibliche und männliche Schöpfungsprinzip. Um die der Zeremonie beiwohnenden Teilnehmer vor dem "Atem des Geistes" zu schützen, binden sich die *Lha/mo´s* ein Tuch vors Gesicht.

Ein untrügliches Anzeichen für die Tieftrance ist nämlich der absinthartige Geruch, der ihrem Mund entströmt, sobald die Geister von ihrem Körper Besitz ergriffen haben. Die Trance wird eingeleitet durch Gebete, Gesänge und das unaufhörliche Schlagen der Handtrommel. Wenn das Bewußtsein der *Lha/mo´s* sich auflöst, wird ihr Körper von heftigen Zuckungen geschüttelt. Schluckaufartige Laute entringen sich der Kehle. Einige Minuten bleibt die körperliche Hülle regungslos auf dem Boden liegen.

Noch stärker werden die Konvulsionen beim Eindringen des Geistes. Die *Lha/mo´s* sind nun nicht mehr die gleiche Person. Blick und Gesichtszüge sind völlig verändert. Die Augen sind glasig und scheinen ins Leere zu blicken. Schmerzempfindlichkeit und normale Körperfunktionen sind ausgeschaltet. Glühende Dolche und scharfe Messer können ihrem menschlichen, irdischen Körper nichts mehr anhaben.

Im Zustand der Tieftrance besitzen die meisten *Lha/mo´s* den sogenannten Röntgenblick. Dieser Blick durchdringt Felswände und Mauern ebenso mühelos wie den menschlichen Körper. Krankheiten und Störungen können umgehend erkannt werden. Dabei ist es egal, ob es sich um einfache physische Erkrankungen wie Verdauungs- oder Durchblutungsstörungen, Fremdkörper oder Ablagerungen handelt oder um feinstoffliche Blockaden.

Auch Fremdbesetzungen oder Einwirkungen von Geistern können auf diese Weise schnell "diagnostiziert" werden.

Die Behandlung erfolgt durch Pusten und Blasen, durch Handauflegen oder Druckmassage. So wird die Energie des Heilers, besser gesagt des Geistes, auf die betroffenen Körperstellen gerichtet. Ziel ist dabei stets, die krankmachenden Blockaden aufzulösen. Bei bereits manifest gewordenen Blockaden kommt das Saugrohr zum Einsatz, das punktgenau angesetzt werden kann. Durch das Saugrohr gelangen Verunreinigungen, toxische Schleime, Ablagerungen und Fremdkörper an die Oberfläche, dort werden sie in eine bereitstehende Schüssel gespuckt.

Ungefähr vierzig bis sechzig Minuten kann eine Trance durchgehalten werden. Der Prozeß ist für das Orakel äußerst anstrengend und mit heftigen Schmerzen verbunden, besonders in jenen Momenten, wenn der Geist sich des Körpers bemächtigt und ihn wieder verläßt. Ständige Meditationen und eine ungeheure Disziplin sind notwendig, um Körper und "Mind" dauerhaft auf einem derart hohen Energieniveau zu halten.

Da während der Tieftrance das Individualbewußtsein völlig ausgeschaltet ist, kann sich das Orakel nach der Rückkehr in den normalen Bewußtseinszustand an nichts mehr erinnern.

Die tibetische Philosophie von Krankheit und Gesundheit

Der Heilungserfolg ist jedoch nicht nur abhängig von der Macht der *Lha/mo´s* und ihrer Geister. Wirkliche Heilung kann nur erfolgen, wenn der Kranke selbstverantwortlich mitarbeitet, seine destruktiven Denkmuster und Verhaltensweisen ändert, die von den Geistern der *Lha/mo´s* während der Behandlung schonungslos aufgedeckt werden.

Die tibetische Philosophie hält den Menschen für eine untrennbare Einheit von Körper, Psyche und Geist, die in ständigem dynamischen Austausch mit der natürlichen Umgebung, den kosmischen Kräften und mit den feinstofflichen, sinnlich nicht wahrnehmbaren Welten steht. Alles im Universum befindet sich in einem ewigen Zustand der Bewegung, des Flusses, alle Phänomene sind vergänglich. Ja, man kann sagen, daß das einzige gleichbleibende Merkmal jeglicher Erscheinungsformen deren Veränderung ist.

Die Tatsache der Vergänglichkeit allen Seins ist der Grund, warum jeder Mensch und jedes Wesen irgendwann einmal im Leben Leiden erfährt. Dennoch geschieht Leiden nicht zufällig, sondern ist – wie das Gesetz des Karma besagt – mit spezifischen Ursachen verknüpft wie Gedanken und Taten, die entweder in diesem oder in vergangenen Leben hervorgebracht wurden. Die endgültige Erlösung von den unzähligen Arten des Leidens ist gleichbedeutend mit der Befreiung aus dem tückischen Kreislauf der Existenz und der endlosen Folge von einem Leben in das nächste. Dies wird erreicht durch das Erlernen und die Praxis des Dharma, der Lehre Buddhas. Der Urgrund oder die letztendliche Ursache aller Ursachen liegt in der Unfähigkeit der

Lebewesen, die Wahrheit der Existenz zu erfassen, die Tatsache nämlich, daß nichts und niemand aus sich selbst heraus als eigenständiges Ich existiert. Die aus der Verdunkelung des Geistes erwachsene Illusion eines Ego führt in der Folge zu den Eigenschaften Gier und Haß.

Unwissenheit, Gier und Haß werden daher als die "drei Geistesgifte" bezeichnet, welche wiederum die Basis für die „stolze Summe" von 84000 weiteren falschen Überzeugungen bilden und ebenso viele Krankheitsformen nach sich ziehen.

"Zwar können meine Geister Krankheiten vorübergehend heilen und Linderung verschaffen", meint Tsewang Dolma, "kann ein Mensch jedoch seinen Haß oder seine Gier oder seine Blindheit gegenüber den Gesetzen des Seins nicht überwinden, so wird die Krankheit bald zurückkehren."

Im tibetischen Orakelwesen ist das schamanistische Gedankengut des *Bön* auf einzigartige Weise mit der komplexen Philosophie des Buddhismus verschmolzen. Die Effektivität ihrer Verschmelzung beweist, daß sich die beiden verschiedenen Weltbilder gegenseitig nicht ausschließen, sondern sich vielmehr ergänzen und bereichern.

Lama Lobsang Sampten

Lama Lobsang Sampten wurde 1968 in Saspol, Ladakh geboren. Mit acht Jahren brachte ihn seine Familie in das abgelegene Felsenkloster Likir. Ein Meister der *Gelugpa*, des Ordens der Gelbmützen, deren Oberhaupt der Dalai Lama ist, nahm ihn auf und unterrichtete ihn. Fünf Jahre später, nach dem Tod des Meisters, sandte man Lobsang an die Klosteruniversität Drepung Gomang in der tibetischen Exilkolonie Mundgod, Südindien. Dort sollte der hochbegabte Schüler eine fundierte akademische Ausbildung erhalten. Diese Ausbildung umfaßte ein 16-jähriges Grundstudium der buddhistischen Philosophie und Geisteswissenschaften, dem die sechs Jahre dauernden Unterweisungen und Prüfungen in der Schule der *Gelug* folgten. Im Jahr 2001 wird Lama Lobsang Sampten sein Studium mit dem *Lharam-pa Geshe*, dem höchsten akademischen Grad des *Mahayana*-Buddhismus abschließen.

Schon seit Jahren ist Lobsang Sampten ein Meister des Debattierens, jener hohen Kunst der dialektischen Rhetorik, die nicht nur eine tiefe Einsicht in den Weg der Erleuchtung, des Geistestrainings und der Prinzipien von Liebe und Mitgefühl erfordert, sondern auch Differenzierungsfähigkeit und Überzeugungskraft. Als *Karam-Kurpal*, Ratgeber in der Kunst des Debattierens, genießt er in Drepung Gomang höchsten Respekt.

1998 erkannte der Dalai Lama aufgrund verschiedener Vorzeichen in Lobsangs 14-jährigem Bruder die Reinkarnation (*Tulku*) seines ehemaligen Lehrers wieder und gab ihm den Namen Gyabum Tulku Lobsang Choden. Seither lebt der *Tulku* unter hohen Würden ebenfalls in der Exilkolonie Mundgod.

Gegenwärtig schreibt Lama Lobsang seine faszinierende Lebensgeschichte nieder, weil er glaubt, mit seinen Erkenntnissen vielen Menschen helfen zu können.

Während des Kongresses wird er einen Vortrag über das tibetische Orakelwesen halten, das ladakhische Orakel Tsewang Lhamo und ihre Hilfsgeister vorstellen und ihre Arbeit erklären.

(1) Dolma (sankr. Tara) ist eine der populärsten Schutzgottheiten des tibetischen und indischen Pantheons. Sie ist jene Kraft, die alle Wesenheiten, egal welchen Welten sie angehören, aus ihren karmischen Bindungen befreien kann, um dadurch deren Transformation in höhere Bewußtseinszustände zu ermöglichen.

***Dr. Christina Hell**, 45, studierte Ethnologie, Philosphie und vergleichende Religionswissenschaften. Seit vielen Jahren beschäftigt sie sich mit der tibetischen Kultur und Medizin sowie dem tibetischen Buddhismus.*

Mongush Kenin-Lopsan, Saryglar Borbak-Ool, Nikolai Oorzhak Munzukovich und Nina Dowuu Wasiliewna

TUVA UND SEINE SCHAMANEN

Von Paul Uccusić

Über die Schamanen, die zu dem Kongreß „Wanderer zwischen den Welten" kommen, wissen wir nur wenig. Nicht anders geht uns mit dem Stamm der *Tuvas*, deren Lebensraum, Lebensweise und Schicksal den meisten von uns so fremd sind, daß es Not tut, im Vorfeld über Land, Leute und den dort praktizierten Schamanismus zu berichten.

Die autonome Republik Tuva, 170 500 Quadratkilometer groß, ist mit rund 300 000 Einwohnern relativ dünn besiedelt. Sie ist Teil der Russischen Föderation, kam 1941 zur damaligen Sowjetunion. Vorher war sie eine Art Niemandsland, eine Pufferzone zwischen China und dem zaristischen Rußland.

Tuva grenzt im Osten an Burjatien, im Nordosten an den Verwaltungsbezirk Irkutsk, im Norden an den von Krasnojarsk, im Nordwesten an den von Chakassien (auch Hakassia), im Westen an den Altai, im Süden an die Mongolei.

Ihre Randlage im Süden der Russischen Föderation mit mehreren hundert Kilometern Grenze zur Mongolei hat ihr die Rolle einer Art „Bollwerk" zwischen den Staaten aufgezwungen. Weite Teile waren Sperrgebiet.

Topographie: Zwei Bergzüge, der nördliche und der südliche Sajan, begrenzen das Land. Die höchste Erhebung, Mongun Taiga ("Silber-Taiga") im Südwesten, ist knapp 4000 m hoch und auch im Sommer immer schneebedeckt. Im Osten findet man bergiges, relativ schwer zugängliches Hochland mit Gebirgsseen ("Todscha"), Ursprung des Großen und des Kleinen Jenissej. Am Zusammenfluß der beiden Ströme liegt die

Hauptstadt Kyzyl mit 70 000 Einwohnern in ca. 700 m Seehöhe. Von Kyzyl westwärts erstreckt sich eine Flachland-Steppe, die im Norden und im Süden an Berge grenzt. Taiga (sibirischer Wald, Bergwald) wechselt mit Tundra (Trockensteppe) ab. An Vegetation findet man Birken, Kiefern, Zedern, Latschen, Lärchen und andere Nadelbäume. Die Landschaft zeigt viele Seen und Flüsse.

Das Klima hat kontinentalen Charakter: kalte Winter (bis zu -50 Grad und darunter), heiße Sommer (bis zu +40 Grad). Der dort bestehende Permafrostboden taut auch sommers nur 1,5 m tief auf. Der Schneefall ist eher gering.

Bevölkerung: Dort leben zum überwiegenden Teil Tuviner (auch Tuwinier oder Tuwinen), dazu kleine Minderheiten von Russen, Mongolen, Altaiern, Chakassen etc. Die Tuviner sind ein von Westen zugewandertes Turkvolk.

Ihre Sprache ist Tuvinisch. Zunächst hatten die *Tuvas* keine Schrift, jedoch begannen in den 20er Jahren erste Versuche mit dem lateinischen Alphabet, diesem Volk eine Schriftsprache zu geben. Seit die *Tuvas* an die Sowjetunion eingegliedert wurden (in den 30er Jahren), wird dort eine dem Mongolischen ähnliche Sprache mit kyrillischen Buchstaben geschrieben.

Die Landbevölkerung besteht meist aus Halbnomaden mit festen Winterquartieren und wechselnden Sommerplätzen, auf denen die Herden – meist Schafe, Ziegen und Rinder – geweidet werden können. Pferde sind zur Fortbewegung notwendig und der Stolz der Nomaden. Die meisten von ihnen sind auch Jäger, vor allem, um sich der mitunter sehr räuberischen Wölfe zu erwehren; auch Füchse und Marder können zur Plage werden.

Übergriffe durch Bären oder Schneeleoparden kommen vor, sind aber selten.

Die Jagd ist sehr beliebt und auch notwendig. Gejagt werden meist Maralhirsche. Diese und Pelztiere (Zobel, Nerz, Fuchs) werden auch in Farmen gezüchtet. Beliebt und gefragt sind Eichhörnchenfelle.

Die Stadtbevölkerung hat sich meist weitgehend den russischen Sitten angepaßt.

In der Hauptstadt Kyzyl dominieren sechsstöckige Norm-Fertigteilbauten im Stil der ehemaligen Sowjetunion. In den Vororten haben sich die typischen Blockhäuser der sibirischen Siedler erhalten.

Weitere Städte sind Schagonar, Tschadan und Ak-Dowurak.

Politisch gesehen ist Tuva eine autonome Republik und war es auch in kommunistischer Zeit. Es gibt ein Präsidialsystem nach russischem Vorbild. Die geistige Elite hat in Leningrad, Moskau, Krasnojarsk oder Nowosibirsk studiert und beherrscht die russische Sprache. Fast alle waren Kommunisten und sind jetzt "gute Demokraten"; eine Alternative gab es ja nicht. Der Kommunismus wird als "Teil unserer Geschichte" und die genannte Entwicklung somit als Selbstverständlichkeit betrachtet. Der jetzige Präsident ist Ool-Oorzhak und war früher Erster Sekretär des ZK der Kommunistischen Partei Tuvas.

Ökonomie: Da die Wirtschaftsleistung Tuvas nicht einmal den Eigenbedarf deckt, muß viel importiert werden; die Kosten hierfür trägt die Russische Föderation. Tuva ist als Notstandsgebiet, ähnlich den arktischen und subarktischen Regionen, eingestuft.

Es ist verständlich, daß einige russische Politiker sich von diesem "Klotz am Bein" trennen möchten; aber der beliebte Katastrophenschutzminister Sergej Schoigu ist immerhin Tuvinier, und politisch wäre die Loslösung von Rußland der wirtschaftliche Untergang Tuvas. So sind die separatistischen Stimmen leise; eine gewisse Anhängerschaft haben diejenigen, die für den Anschluß an China eintreten. Aber wirklich populär sind diese Tendenzen nicht; die meisten wollen alles so lassen, wie es ist.

Ernährung: Ackerbau ist selten, die Sowchosen- und Kolchosenbewegung wurde von Tuva nie wirklich akzeptiert. Dennoch gibt es noch einige Ackerbaubetriebe, die vor allem Korn und Kartoffeln züchten.

Hauptnahrungsmittel ist Schaffleisch, je fetter, desto lieber. Dazu ißt man Brei aus Gerstenmehl oder Hirse und trinkt Milch und den Milchschnaps Arraq. Es gibt auch Käse, Sahne und vorzügliches tuvinisches Fladenbrot (vergleichbar dem türkischen). Im Sommer werden Gemüse geerntet wie Tomaten, Gurken und Kraut; Erdbeeren züchten die geschickteren Russen im Raum Abakan und bringen sie nach Tuva.

Bodenschätze: Asbest, Kobalt, Kohle, Gold. Der größte Teil der Minen wurden 1994 - 1996 wegen mangelnder Rentabilität oder fehlenden Bedarfs (z. B. ist Kobalt wegen der atomaren Abrüstung nicht länger als Bauteil der Kobalt-Atombomben gefragt) geschlossen, die meisten (russischen) Ingenieure wurden vertrieben oder gingen freiwillig.

Tourismus: Ein zaghafter Austausch mit dem Westen begann nach der Perestrojka, aber Tourismus wie im Westen oder im europäischen Rußland ist in Tuva unbekannt. Es gibt nahezu keine Hotels, die wenigen sind ganz schlecht.

Schamanismus: Obwohl die "Foundation for Shamanic Studies" vier Expeditionen nach Tuva sandte – 1993, 1994, 1995 und 1999 – und mehrere tuvinische Schamanen wiederholt westliche Länder wie Österreich, Schweiz, Deutschland, Italien und die USA besuchten, ist der Einfluß westlicher Zivilisationen auf Tuva denkbar gering – ein großer Vorteil, wenn es um die Erhaltung einer Ethnie und ihrer Traditionen geht. Trotz der Einflüsse moderner Heiltechniken (Bioenergetik, Massagen aller Art, Chenchiu, u. a. m.) ist die alte schamanische Heiltradition in Tuva im Grunde intakt.

Den größten Aderlaß erlitt Tuvas Schamanismus unter dem kommunistischen Regime:

Etwa 700 Schamanen und Schamaninnen, so die vom besten Kenner des tuvinischen Schamanismus, Prof. Dr. Kenin-Lopsan, Kyzyl, mitgeteilte Zahl, wurden von der sowjetischen Geheimpolizei oder anderen Beamten der Exekutive erschossen oder kamen unter den unmenschlichen Haftbedingungen der Gulags um.

Das dort von jeher bestehende Schamanentum, der Buddhismus lamaistischer Prägung und die Orthodoxe Religion sind die drei Säulen der tuvinischen Weltanschauung. Offiziell ist der Schamanismus mit Präsidentendekret seit 1995 als Religion anerkannt.

Der klassische Weg des sibirischen Schamanen ist der des Einzelgängers.

Nicht ohne Grund sagt ein tuvinisches Sprichwort: "Zwei Schamanen auf einem Fleck bedeuten Unglück." So gab es in der vorsowjetischen Zeit praktisch in jedem

Tal oder in jeder Siedlung einen Schamanen; Kontakte zu Nachbarsiedlungen mögen bestanden haben, aber viele Belege dafür gibt es nicht.

Der tuvinische Schamane wird , wie auch der Schamane anderer paläosibirischer Völker, der Ureinwohnerschaft des Subkontinents, von den Geistern erwählt: "Izbranniki duchow". Der Adept, der junge Mann oder die junge Frau, verfällt der "Schamanen-" oder der "Berufungskrankheit", die meist einen anderen Schamanen auf den Plan ruft, der den Neuling zunächst behandelt, später in den wichtigsten Techniken unterweist und dessen erste Schritte auf dem "Weg des Schamanen" überwacht.

Das gesammelte Material der beiden Feldforschungen der genannten Expeditionen der "Foundation for Shamanic Studies" belegt, daß diese Form der Berufung noch immer intakt ist und den höchsten Stellenwert sowohl unter den Schamanen als auch in der Bevölkerung besitzt. Oft haben Schamanen vererbte Fähigkeiten: Einerseits in der Form, daß einfach die Begabung vorhanden ist; es kommt aber auch vor, daß ein direkter Verwandter (Vater, Großmutter, Onkel) den Nachkommen die "Schamanenkraft" direkt überträgt und er solchermaßen zur Ausübung des Schamanentums berufen wird.

In einem Einzelinterview wurde uns 1999 von einer "Schamanenschule" im Altai berichtet; die Quelle ist jedoch zweifelhaft.

Tuvas Schamanen sind seit der Wende in zwei Gesellschaften (vergleichbar unseren Vereinen oder Gesellschaften des Öffentlichen Rechts) organisiert:
"*Tos Deer*" (Neun Planeten) ist die übergeordnete in Tuva, "*Dungur*" (Trommel) die der Schamanen in Kyzyl. Es gibt Zweigstellen in Ak-Dowurak im Westen und in Ersin im Süden. Derzeitiger Vorsitzender beider Organisationen ist Sailyk-Ool Kanchyyr-Ool; sein Vorgänger in dieser Funktion war Nikolai Oorzhak Munsukowitsch.

In beiden Gesellschaften, die in eigenen von der Regierung zur Verfügung gestellten Häusern in Kyzyl agieren ("schamanische Kliniken" genannt), werden sowohl Kranke und Hilfesuchende behandelt als auch Schamanen ausgebildet. Die Berufung durch die Geister ist unabdingbar.

Je nach Talent und Fähigkeiten finden die Älteren und dieJüngeren zusammen.

Die Ausbildung und die Behandlung ist kostenlos; Behandelte bringen jedoch kleine Geschenke für den behandelnden Schamanen oder Geldspenden für die Organisation mit.

"*Tos Deer*" hat 170, "*Dungur*" etwa 40 Mitglieder. Die meisten leben außerhalb der Stadt Kyzyl, auf dem Land in Nomadensiedlungen oder Dörfern; dort ist ihr eigentliches Tätigkeitsfeld.

Wie seit alten Zeiten üblich, hat der sibirische Schamane in der Regel einen "gewöhnlichen" Beruf. Er übt seine Schamanentätigkeit nur dann aus, wenn er gerufen wird.

Die Sitzung, die "*kamlanie*", dient entweder der Behandlung eines Patienten, der Reinigung eines Hauses, eines Platzes oder einer Jurte, der Befriedung von Seelen Verstorbener oder der allgemeinen Harmonisierung. Aspekte der Fruchtbarkeitsförderung oder des Erntedanks lassen sich vor allem in den Zeremonien finden, die zu den Kardinalpunkten des Jahreskreises (Sommer- und Wintersonnenwende, Äquinoktien) gehalten werden. Aber auch zum Gründungsjubiläum von Kyzyl und Tuvas fand 1999 eine ausführliche Zeremonie statt. Das Zusammenfinden vieler Schamanen auf einem Fleck wird seit dem ersten Schamanismuskongreß in Tuva 1993 nicht mehr als unheilbringend empfunden.

Hier haben die Tuvinier uns, dem Westen, doch einiges abgeschaut. Gemeinsame und öffentliche Zeremonien konnten sich auch wohl nur nach der Wende 1991 entwickeln.

Es ist Brauch, daß dabei in aller Öffentlichkeit Kranke behandelt werden.

Der Großteil der Landbevölkerung betrachtet den Schamanismus als Religion; die Anhänger bezeichnen sich als "Schamanisten". Sie sehen die Umwelt als von Geistern belebt und sehen ihren Ursprung in ihnen. *Chaiürakan*, der mystische Berg-Bär, ist einer der Urahnen der Tuvinen und insbesondere der Schamanen. Aber sie halten andere Geister auch für krankheitsbringend (z. B. die ebenfalls in den Bergen wohnenden *asarlar*) und rufen den Schamanen, um ihr Haus zu reinigen und vor ihnen zu beschützen.

Ein wichtiges Anliegen der gegenwärtigen Schamanen ist das, was man "moralische Aufrüstung" nennen könnte. Durch jahrzehntelanges Ferngehaltensein von religiösen Werten hat ein Verfall der Moral eingesetzt; nicht nur der verbreitete Alkoholmißbrauch fördert seelische und physische Gewalt. In Reden, die man am ehesten mit Predigten vergleichen könnte, versuchen einige Schamanen, in ihren Landsleuten Verständnis für moralisches Verhalten, Verantwortung und Ethik zu wecken. Der Buddhismus versucht Ähnliches, das (orthodoxe) Christentum ist wenig verbreitet. Buddhismus und Orthodoxie haben eher einen schweren Stand.

***Prof. Mongush Kenin-Lopsan** aus Tuva ist der profundeste Kenner des tuvinischen Schamanentums und der tuvinischen Mythologie. Die mit ihm reisenden Schamanen geben Proben ihres Könnens, erläutern ihre Techniken. Am eindrucksvollsten wird für uns seine Behandlungsweise mit Hilfe des magischen Spiegels sein.*

Auch eine Schamanin werden wir kennenlernen, die selbst durch Erlebnisse mit den Geistern zum Schamanentum berufen wurde. Ihr Arbeitsschwerpunkt liegt in der Behandlung Kranker und in der Ausübung von Reinigungs- und Harmonisierungsritualen.

Mohan Rai, Indra Gurung und Maile Lama

AUF DEN SPUREN DER NEPALESISCHEN URSCHAMANEN

Von Andreas Reimers

Indianische Schwitzhütten, Trancetanz und Trommelreisen hatten mich an die Schwelle zu einer tieferen Dimension des Lebens geführt und in mir den Wunsch geweckt, traditionelle Schamanen und deren Heilkunst kennenzulernen. Michael Oppitz´s Film "Schamanen im blinden Land" hatte mich ins Herz getroffen, und so fiel die Entscheidung, mich in Nepal, das ich bereits seit 1974 kannte, auf die Suche zu begeben. Ich reiste zu den *Kham Magar* am Fuße des Dhaulagiri-Massivs – das zweite Mal mit einem Empfehlungsschreiben des Ehemannes meiner nepalesischen Patientin, die wegen einer Schizophrenie bei mir in Behandlung war. Er selbst hatte eine Schamanenlehre abgebrochen, als ihn die Angst ob der ungestümen Kräfte, die in ihm entfesselt wurden, überkam. Unterwegs machte ich in Pokhara bei dem buddhistischen Schamanen Pao Wangtschuk Halt, der mich in einer halbstündigen Trancesitzung von meinem hartnäckigen Tinnitus befreite. Die Rituale, an denen ich bei den *Kham Magar* in Nisseldur teilnehmen konnte, sprachen mich auf einer archaischen Ebene jenseits der Alltagsrationalität an. Doch ich mußte einsehen, daß ich bei aller theoretischen und praktischen Auseinandersetzung mit traditionellen Heilritualen und ungeachtet meiner psychotherapeutischen Erfahrung ohne einen im Schamanismus bewanderten Dolmetscher keine Chance hatte, in einem absehbaren Zeitraum in diese Heilkunst eingeweiht zu werden.

1

2

1, 2, 3,
bei Pao Wangtschuk
und bei den
Kham Magar

3

Mohan Rais
Wohnhaus

Durch Zufall fand ich im Ostasieninstitut in Kathmandu einen Prospekt von Mohan Rai und seiner Schamanenschule. Auf mein Schreiben erhielt ich nach einem Jahr Antwort, nachdem Mohan Rai aus Amerika zurückgekehrt war, wo er mit Maile und anderen Heilern Seminare über den Schamanismus in Nepal abgehalten hatte und einen Neubeginn seiner Schule startete.

Selbst Sohn eines wohlbekannten Schamanen in Bhutan, arbeitete er zunächst beim Militär in einem Gurkha-Regiment und später, nach einer Ausbildung durch den deutschen Alpenverein, als Bergführer und Leiter eines der ersten Trekkingunternehmen Nepals. Bis er, angeregt durch westliche Anthropologen, den Wert der schamanischen Heiltraditionen neu entdeckte und deren Erhalt und Weitervermittlung zu seinem Anliegen machte.

Da saß ich nun gespannt in einem kleinen Bürozimmer in Kathmandu und wartete auf die erste Begegnung mit den Schamanen. Mohan hatte mich vom Flughafen abgeholt und im klapprigen Taxi durch das bunte Treiben der Stadt, vorbei an mit Holzschnitzwerk versehenen Häusern und Tempeln und in Schals gehüllten Frauen, zu meinem Hotel gebracht. Schon unterwegs versenkten wir uns in schamanische Themen und hatten wohl beide das Gefühl, der Ernsthaftigkeit des anderen trauen zu dürfen. Und da waren sie nun: Maile im Lunghi und großen Schal und mit der bodenständigen und heiteren Ausstrahlung, die mir später so vertraut werden sollte, und Indra mit kurzen Hosen, T-shirt und Schiebermütze, abwartend mit dem übergeschlagenen Bein wippend. Im ersten Moment bot sich mir ein ganz gewöhnliches Bild, und ich war mir nicht sicher, ob ich wirklich an Schamanen geraten war.

Mohan sprach sogleich ein Programm für die nächsten Tage mit mir ab, und ich blickte erwartungsvoll dem ersten gemeinsamen Ritual entgegen. Vorerst hatte Mohan jedoch die Einführung in die schamanische Mythologie, Diagnostik und Therapie festgesetzt. Der Unterricht fand in einem schönen, einfachen Raum im Erdgeschoß seines alten Hauses in Kathmandu statt. Pünktlich wurde ich jeden Tag von seinem Sohn mit dem Moped von Blue Diamond, meinem einfachen aber sauberen Hotel, abgeholt und wieder zurück gebracht.

Bonjankri – der Heiler des Waldes

Der "Yeti" Mohan Rai hat seine Brille abgesetzt und sitzt lachend im Schneidersitz vor mir. Der "Yeti" ist kein groß geratener Halbaffe in den Bergen des Himalaya, wie manche westliche Forscher vermuten. Vielmehr gehen alle Vermutungen, Phantasien und Forschungsexpeditionen auf den mißverstandenen Mythos des Urschamanen, des Heilers des Waldes zurück. *Bonjankri* (*bon* = Wald, *jankri* = Heiler) wurde von *Shiva*, dem höchsten Gott selbst, eingesetzt, als sich die Götter zu Beginn des finsteren Zeitalters in die himmlischen Regionen zurückzogen und die Übel und die Krankheiten auf der Welt zunahmen. In einem langwährenden Kampf zwischen Schamanen und Hexen hatte sich *Shiva*, der in der stillen, zeitlosen Einsamkeit des Kailash meditierte, aus unendlichem Mitgefühl heraus bewegen lassen, Menschen ohne Fehl und Tadel zu Schamanen auszubilden und sie seine heilkräftigen Mantren und die Kunst des Heilens zu lehren. In einem gemeinsam besiegelten Pakt kamen

5

6

5, 6,
*Unterricht im „Shamanistic
Studies & Research Centre"*

*Mohan Rai
beim Unterricht*

die Schamanen und Hexen überein, daß letztere das Recht hätten, Krankheiten und
und die Kunst des Heilens zu lehren. In einem gemeinsam besiegelten Pakt kamen
die Schamanen und die Hexen überein, daß Letztere das Recht hätten, Krankheiten
und Leid über die Menschen zu bringen, den Schamanen aber das Vorrecht zukam,
gegen eine Opfergabe die Menschen wieder zu heilen. *Bonjankri,* der Stellvertreter
Shivas, war der erste Lehrer in grauer Vorzeit, auf den in einer langen Kette von Meistern und Schülern die Schamanen zurückgehen. Doch er ist nicht tot, sondern lebt
noch in den tiefen Wäldern des Himalayas, den zugigen Höhen, den Tälern und
Höhlen. Von diesen Aufenthaltsorten aus besucht er die Menschen, beruft die
zukünftigen Schamanen, erscheint in Träumen und nimmt sie mit in die Einsamkeit,
um sie über Tage, Wochen und Monate zu unterrichten und auszubilden. Jeden
Monat geht er bei Vollmond umher und besucht seine Schüler, die ihn im Ritual verehren, und gibt ihnen Heilkraft und Geschick in der Kunst des Heilens. "Der Mythos
vom Urschamanen ist keine verstaubte Geschichte, sondern eine gelebte Realität,
die das Wirken der Schamanen durchdringt." Mohan erzählt aufgeregt von der verge-
blichen Suche der "Yeti"-Expeditionen, während wir familiär zusammensitzen und
Mohans Frau uns süßen Tee und Gebäck bringt.

Maile erzählt ihr Leben

An den weiteren Vormittagen, Nachmittagen und Abenden folgen eine Reihe von
Mythen und Anekdoten. Mohan erzählt die Geschichte von *Jangeli,* der Königin des
Waldes, und von *Shikari,* dem göttlichen Jäger, und erklärt Schritt für Schritt die
Bedeutung und Verwendung der einzelnen Ritualgegenstände. Zwischendurch kom-
men Patienten aus der Nachbarschaft oder von weiter her, um sich heilen zu lassen.
Im Verlauf des Unterrichts entsteht ein Geflecht von Bedeutungsbezügen, und in mir
eröffnet sich ein neuer Kosmos und eine neue Sicht der Welt entfaltet sich.
Eines Tages frage ich Maile danach, wie sie Schamanin wurde. Und sie erzählt ihre
Lebensgeschichte, nur von Mohans Nachfragen unterbrochen:
Sie berichtet, wie sie, 1946 in Ostnepal geboren, mit ihrem Bruder und ihren vier
Schwestern auf dem elterlichen Bauernhof aufwuchs. Zusammen mit dem Vater und
der Mutter hütete sie Kühe und schnitt Gras. Eines Tages mußte der Vater nach
Hause, um einem Kranken zu helfen. Da bemerkte sie, wie ein alter kleiner Mann in
ihre Hütte kam, die glühende Holzkohle zur Seite schob und die Blätter des Daches
aufwirbeln ließ. Als der Vater zurückkam und keine Erklärung für diese Begebenheit
fand, wurde der Großvater, der Schamane war, geholt. Dieser erkannte in dem alten
Mann *Bonjankri* und erklärte, daß Maile eine Schamanin werden würde. Nach diesem Ereignis fing sich ihr Körper jeweils bei Vollmond spontan zu schütteln an.
Im Alter von neun Jahren wurde ihr dann eines Tages schwindelig, und es kam
erneut eine seltsame Gestalt, die einem großen Mann glich, auf sie zu, machte drei
Schritte vor und zurück und nahm sie in eine hinter einem Wasserfall gelegene
Höhle mit. Die Höhle glänzte golden, Juwelen blitzten, während ihr die Trommel-
rhythmen und Heilmantren mitgeteilt und ihre Bedeutung offenbart wurden. Erst
nach Stunden brachte sie der Mann, der zwischenzeitlich in einer Felsspalte ver-

*Maile
beim Ritual*

In Trance

*Heilung eines Kindes
durch Maile*

*Maile bei der Demon-
stration eines Rituals
für die Studenten des
Projekts „Krankheit
und Heilung im kultu-
rellen Kontext" an der
Universität Münster*

schwunden war, wieder zurück und gab ihr den Auftrag, Menschen zu heilen. Der Großvater sagte erneut, daß ihr Schicksal als Schamanin vorbestimmt sei. Die Mutter, die ihr diesen beschwerlichen Lebensweg ersparen wollte, wurde ärgerlich und versammelte Schamanen um sich, um in einem Ritual diesen Weg zu blockieren. Maile riß die Trommel jedoch an sich, sprang durch ein kleines Dachfenster und flüchtete in den Wald, wo sie von einem alten Schamanen versorgt wurde. Nachdem sie zurückgekehrt war, sich aber wie verrückt gebärdete und im Feuer tanzte, entschieden die Schamanen, sie nicht weiter aufzuhalten. Ihr Onkel akzeptierte sie als seine Schülerin und lehrte sie die traditionellen Bräuche. In ihr lebte Dolma. Sie konnte über ihre letzte Inkarnation Auskunft geben und beschrieb, welche Dinge des täglichen Lebens sie benutzt hatte und wann sie gestorben war.

Nach und nach kamen immer mehr Patienten zu Maile, so daß sie durch die vielen nächtlichen Heilsitzungen schließlich völlig erschöpft war und mit ihren Verwandten nach Kathmandu auswich. Dort arbeitete sie in einer Teppichknüpferei, aber auch hier baten sie viele Menschen um Heilung. Eines Morgens nahm ihr jetzt 77 Jahre alter Ehemann, der ein buddhistischer Lama ist, sie mit in sein Haus, wo alle ihre Verwandten bereits versammelt waren, und heiratete sie ohne Vorankündigung. Aus der Ehe ging der Sohn Dorje hervor. 1992 ging sie nach Amerika, wo sie ein Jahr in Boulder (Pennsylvania) schamanische Heilweisen bekanntmachte und weitergab.

Ein Initiationsritual

Die Dunkelheit hat sich über Kathmandu ausgebreitet. Draußen prasselt der warme Monsunregen. Wir sitzen in dem kleinen ebenerdigen Seminarraum in Mohans altem Haus. Seine Familie, Nachbarn und Kinder sitzen eng zusammen und folgen dem Ritual. Die Luft ist geschwängert von dem Duft herben Räucherwerks. An der Wand hängen die alten vom Rauch der Hütten gegerbten Schamanentrommeln. Die doppelseitige Bespannung mit Leder ist Ausdruck der göttlichen Polarität von *Shiva* und *Shakti*, von männlichem und weiblichem Prinzip. Der dreigeteilte Haltegriff symbolisiert die mittlere Welt der Menschen, die untere Welt der *Nagas* und die obere Welt der Götter. Von ihrem rhythmischen Klang getragen, reisen die Schamanen in andere Bereiche der Wirklichkeit, um die benötigte Hilfe zu holen und zwischen den Welten zu vermitteln. Vor mir steht der Altar von Maile: Ein kleiner mit Reis gefüllter Korb, der sorgfältig mit fünf dünnen Stäben versehen wurde, die mit einem dreifach verzwirnten Faden verbunden sind. Er wirkt wie ein kondensiertes Abbild des Kosmos, ein transportabler Tempel, die vier Himmelsrichtungen darstellend mit der zentralen Achse, der Mitte der Welt und des Menschen in seiner Mitte. Im Korb sind säuberlich weitere Paraphrenalien aufgestellt: Kristalle, Donnerkeile aus Holz, der Dreizack *Shivas* und anderes. Davor eine Öllampe und ein Gefäß mit gesegnetem Wasser. Daneben sitzt Maile im langen weißen Schamanengewand, die Federkrone aus Pfauenfedern auf dem Kopf. Im Schneidersitz leicht nach vorne gebeugt, die Aufmerksamkeit nach innen gelenkt, mit Schweißperlen rieselnd über ihr dunkel gegerbtes Gesicht, schlägt sie die Trommel, deren Rhythmus sich intensiviert, während sie ihre alten Hymnen – bedeutungsträchtige Melodien aus einer fer-

Indra und seine Frau in seinem Heimatdorf am Ort seiner ersten Vision

13

13, 13a
Wohnhaus, in dem ein Teil des nächtlichen Rituals stattfand

13a

nen, schon verloren geglaubten Zeit – singt. Sie ruft die Kräfte dieser Erde, die das Geschick der Menschen bestimmen, bittet um ihre Hilfe, bittet um ihren Segen. Ich habe mich entschlossen, ihr und Indras Schüler zu werden, wenn ich zugelassen werde. Ein passender Tag wurde vorherbestimmt und das Initiationsritual vorbereitet. Jetzt sitze ich erwartungsvoll vor ihr, während sie immer eindringlicher den Rhythmus schlägt und das von ihr innerlich Geschaute mit höchster Intensität aus sich heraussingt. Werde ich den Aufnahmetest bestehen? Unvermittelt springt Maile auf, wirbelt durch den Raum und besprüht mich mit heiligem Wasser, setzt immer wieder die Spitze ihrer Trommel auf meinen Kopf und singt Mantren über mich. Ich spüre, wie das Wasser an meinen Haaren herabrinnt, Feuer in mir emporlodert und mein Körper zu zittern anfängt. Der Gesang Mailes wird leiser, doch die jetzt einsetzenden Gesänge Indras lassen mich erneut erbeben. Die Teilnehmer der *Chinta* (Heilritual) rücken zusammen, anfeuernde *"Parameshwari"*-Rufe sind zu hören. Indra bewirft mich mit Reis, bläst auf mich und setzt ebenfalls die Trommel auf meinen Scheitel. *Shakti*, die Kraft, hat sich gezeigt. Ich werde als Schüler angenommen und überreiche Maile und Indra zum Dank Stoff, etwas Geld und weitere Geschenke. Im Austausch erhalte ich *Malas* (Gebetsketten), Stachelschweinborsten und in Zeitungspapier eingefalteten Reis. Ich soll ihn unter mein Kopfkissen legen und auf meine Träume achten. Es herrscht eine entspannte Atmosphäre, wir plaudern und essen, und die Nachbarn zerstreuen sich.

In den nächsten Tagen folgen weitere Rituale und Einweihungen. Nur noch vordergründig höre ich die Stimmen von Maile und Indra singen. In Trance folge ich meinen inneren Bildern, sehe durch sie hindurch die Tradition der Meister, höre *Bonjankri* zu mir sprechen, während mein Körper vibriert und durch den Raum geworfen wird. Maile war auf einer Seelenreise zu meinem Wohnhaus in Deutschland gereist und sie berichtet von unserer großen Linde und dem Teich, die sie dort gesehen hat. Sie gibt mir auf, regelmäßig vor dem Baum zu beten und die *Nagas* (Schlangengeister) im Teich zu verehren. Ich bin glücklich.

Die Schamanen kennen keine Hierarchie, keine Institutionen und keine Dogmen. Ist ein Schamane initiiert, folgt er allein seiner Berufung, und nur sein Können entscheidet über seinen Erfolg und sein Ansehen. Er ist frei, doch die Verbindung zum persönlichen Lehrer und damit zum ersten Schamanen bleibt. Sie ist getragen von gegenseitigem Vertrauen und durchflossen von der Kraft der Tradition. Diese Beziehung wird in jedem Ritual, insbesondere im Vollmond des August, erneuert. Am Tag der Abreise bin ich traurig. Mohans Schwester, die immer rührend für mich gesorgt hat, kann die Tränen nicht unterdrücken. Alle begleiten mich zum Flughafen, und ich bekomme zum Abschied Blumengirlanden um den Hals gelegt und einen roten Punkt auf die Stirn gemalt.

Die Schamanen zu Besuch in Hansell

Zurück in Deutschland suchte ich nach einem gangbaren Weg, die gelernten Heilmethoden in angemessener Weise umzusetzen. Ich erinnere mich an eine Situation, als meine Frau unter heftigsten Bauchschmerzen und anhaltender Übelkeit litt. Die

14

14, 15,
Initiation in den
Geist des Todes

15

Symptomatik paßte genau zu den Beschwerden, die in Nepal einer bestimmten Gottheit zugeschrieben werden. Also schlug ich ihr vor, das entsprechende Ritual durchzuführen, was zunächst mit Skepsis von ihr zurückgewiesen wurde. Sie konnte sich dann schließlich doch darauf einlassen und war zu unser beider Erstaunen bereits nach einer halben Stunde wieder wohl auf und bekam kurz darauf Appetit auf ein halbes Hähnchen, das von der letzten Mahlzeit übrig geblieben war.

Im folgenden Jahr lud ich Mohan, Maile und Indra zum "Kongreß der Indianer und Schamanen" in Neuss ein. Es war für mich eine wunderbare Zeit, die Schamanen auf unserem westfälischen Bauernhof zu Gast zu haben und das Leben hautnah mit ihnen teilen zu können. Ich war beeindruckt, mit welcher Ruhe und Gelassenheit die Schamanen ihre Rituale und ihre Heilkunst beim Kongreß und den nachfolgenden Seminaren demonstrierten. Alle standen morgens um sechs Uhr auf, fegten die Räume, entzündeten Räucherstäbchen und gingen zum Gebet zu dem Baum, der inzwischen zu unserem Schamenenbaum geworden war. Sie halfen von Anfang an im Haushalt und kochten ihre nepalesischen Gerichte. Es war eine besondere Erfahrung zu sehen, daß es möglich war, daß sich Gäste so reibungslos und, ohne besondere Anstrengungen zu verursachen, in unser Familienleben integrierten.

Viele meiner Patienten waren interessiert, sie kennenzulernen, und kamen zu Heilsitzungen, bei denen ich meistens übersetzte. Die Heilsitzungen fanden immer in der großen Diele oder in meinem Zimmer mit Kontakt zur Erde statt. Maile errichtete ihren Altar, sprach ihre Mantren und fühlte dann den Puls der Hilfe suchenden Person oder zählte Reiskörner ab, um die Ursache der Störung zu finden. Zwischendurch fragte sie nach dem Geburtsdatum oder stellte andere kurze Fragen und kam dann mit erstaunlicher Treffsicherheit zum Kern des Problems, ohne von der Vorgeschichte etwas erfahren zu haben. Ihre Hinweise waren oft verblüffend und warfen aus psychotherapeutischer Sicht einen ganz neuen Blick auf den Konflikt. Viele fühlten sich von ihrer liebevollen Aufmerksamkeit und Zuneigung tief im Inneren berührt und geheilt. Oft ging es darum, den negativen Einfluß Verstorbener durch ein Opfer auszugleichen oder einzelne Kräfte zu besänftigen. Der Einfluß auf die konkreten Symptome war verschieden stark und durch den unterschiedlichen kulturellen Kontext, Sprachprobleme und die Kürze der Zeit eingeschränkt.

Die Tage vergingen mit weiteren Belehrungen und Einweihungen. Indra nahm häufiger den Bronzeteller mit dem Reis und der Öllampe und mich mit unter den Baum, um mir weitere Mantren gegen bestimmte Krankheiten zu geben. Ich nahm sie auf Band auf und ließ sie von Mohan übersetzen. Ich mußte feststellen, daß dies nicht so einfach war, da es sich um präzise kondensierte Aneinanderreihungen von Fachbegriffen handelte, deren tiefer Sinn sich nicht so leicht ergründen ließ. Im Verlauf der vielen Rituale wurde die Atmosphäre in unserem Haus immer dichter, und ich hatte immer mehr das Gefühl, daß sich hinter der Alltagsrealität neue Welten und Kräfte auftaten, die zu einer realen Gegenwart wurden und die der Aufmerksamkeit und des Respekts bedurften.

Bei einem Seminar sollte erneut die Kraft der Teilnehmer aktiviert werden. In gewohnter Weise bereiteten die Schamanen die Altäre vor, kleideten sich ein, riefen die Kräfte und trommelten. Indra hatte durch seine Gestik angedeutet, daß er mir den Knochen, den er auf einem Friedhof ausgegraben hatte, weitergeben wollte. Ich erahnte sofort die Bedeutung dieses Geschenkes und fühlte mich gerührt und geehrt, und doch bekam ich Angst. Ein beklemmendes Gefühl zog in mir hoch, und ich spürte, daß es jetzt ernst wurde. Ich hatte von der Beschwörung der Totengeister, von den nächtlichen Friedhofsritualen und den an Verbrennungsstätten durchgeführten Praktiken der *Aghori*-Yogis gehört und hatte nur noch Angst. Ich wußte auch, daß die Totengeister ständiger Beachtung bedürfen und die Sorge um sie in der Familie von Generation zu Generation weitergegeben wird. Entsetzt fragte ich Mohan, ob ich den Knochen (das Schienbein eines Schamanen) wieder zurückgeben könne, wenn ich nicht damit zurechtkäme. Mohan sagte "nein", aber er könne bei meinem Tod verbrannt oder dem Grab beigegeben werden. Mein Sohn, der die Gespräche mitbekommen hatte, fragte plötzlich besorgt, was los sei. Ich spürte, wie ich von meinen Gefühlen zerrissen wurde und ließ nochmals mein ganzes Leben vor meinen Augen abrollen. Mein Großvater, der durch Handauflegen heilte, meine Jugendzeit, als ich mich in den Wald und in Höhlen zurückzog und Klöster aufsuchte, meine Beschäftigung mit Yoga und meine ersten Erfahrungen mit dem Schamanismus.

Und ich spürte, daß ich jetzt springen mußte. Ich überließ mich dem Ritual, den Rhythmen der Trommel und den Mantren Indras, und plötzlich spürte ich eine innere Kraft, die mich trieb und zu unserem offenen Kamin laufen ließ. Ich war außer mir und hatte alle Kontrolle aufgegeben. Ich verspürte einen unbezähmbaren Drang, mich mit dem Feuer vor mir zu verbinden, griff ins Feuer und begann, die Glut zu essen. Die anderen wollten mich aufhalten, doch ich rannte zurück zum Seminarraum und lief zu einer Tür, die sich in vier Meter Höhe nach außen öffnete. Ich war frei und lief einfach hinaus, lief trommelnd durch die Luft, bis ich – es kam mir vor wie in Zeitlupe – im Gras ankam und weiterrannte, zu unserem Teich, trommelnd hinabtauchte ins Reich der *Nagas*, wieder zurückkam und mich in den Boden wühlte, trommelnd um den Baum drehte, alle Elemente und Himmelsrichtungen durcheilend. Und ich konnte klar in inneren Bildern sehen, wie es um meine Frau, die mich begleitete, stand. Die Alltagsrealität war überstrahlt von einem inneren Licht. Mohan, Maile und Indra waren mir behend gefolgt und achteten darauf, daß mir nichts zustieß. Meine Schwester und ihre Freundin waren so erschreckt, daß sie abreisen wollten. Sie waren wütend auf Mohan Rai und warfen ihm vor, daß er mich verrückt machen würde. Es sei alles viel zu gefährlich und wir sollten aufhören. Aber sie konnte beruhigt werden, und ich habe nicht aufgehört, dem Ruf des Urschamanen zu folgen. Indra überreichte mir den Knochen, der seitdem in meiner Obhut ist und mich bei Ritualen begleitet. Seitdem haben wir uns diese Geschichte öfter erzählt und herzlich gelacht. Und Maile erzählt dann, wie es ihr erging, als sie aus dem Fenster sprang.

Der Schamanenbaum

In seiner ersten Lektion lehrte mich Mohan, daß die Grundlage des schamanischen Heilens innerer Friede, Harmonie, Liebe und Mitgefühl seien. Diese Qualitäten entstehen aus dem Herzen durch die Verehrung von *Mahadev*, dem höchsten Gott, und den Kräften, die in der Welt walten. Ich habe immer wieder bewundert, mit welcher Bescheidenheit Mohan, Maile und Indra helfen und geben. Ihr Leben ist geprägt durch ein ständiges Weggeben und Opfern. An Tempeln, Bäumen, Altärchen wird immer wieder etwas Reis und Farbe geopfert, und Hilfesuchenden werden häufig einige gesegnete Reiskörner, Münzen, Stachelschweinborsten und andere Dinge mitgegeben.

Die Verehrung der Kräfte der Natur wurde von den monotheistischen Religionen häufig als polytheistisch oder animistisch abgewertet. Aber durch die tägliche Praxis, morgens mit Räucherwerk den Schamanenbaum aufzusuchen und zu beten, habe ich für mich die tiefe Weisheit in diesem Tun entdeckt. Der Baum ist die verkörperte Lebenskraft. Er ist die Verbindung zwischen unterer, mittlerer und oberer Welt. Von seiner Wirkkraft als Pflanze ist der Mensch trotz aller technischen Fortschritte abhängig. Die Mißachtung der Bäume entzieht auch den Menschen die Lebensgrundlage. Die weltweite Abholzung der Wälder, die zur Zerstörung ganzer Ökosysteme und der dort beheimateten Völker und Kulturen führt, sowie die Willen- und Machtlosigkeit der etablierten Religionen, Wirtschaftsmächte und politischen Kräfte halte ich für die zentrale Katastrophe unseres Jahrhunderts. Dieser Holocaust ist nur möglich mit einem Weltbild, das die Verehrung des Baumes nicht kennt.

So bestand Mailes erste Lehre darin, mir mit der Verehrung des Baumes ein neues Weltbild zugänglich zu machen. Mögen die Katholiken die Verehrung der Bäume, die Orthodoxen die Verehrung der Statuen und die Muslime die Verehrung von Bildern als Götzendienst abtun. Der eigentliche Götzendienst besteht doch darin, beim Sichtbaren stehen zu bleiben, die Kräfte dahinter und die göttliche Transzendenz, die alles durchdringt, nicht mehr zu sehen. Als Bonifatius die *Donareiche* bei Geismar fällte, wurde uns Deutschen auch ein Stück unserer kulturellen Identität, unserer Wurzeln, unseres Bezugs zur geistigen Welt abgeschnitten. Ein Bruch, unter dem unsere Kultur noch heute leidet. Die Einweihung unseres Schamanenbaumes, den Maile in Trance gesehen hat, war für mich eines ihrer größten Geschenke. Seine tägliche Verehrung verbindet mich mit den Wurzeln meiner Kultur und heilt damit eine tiefe Wunde. Er ist zur Basis meiner inneren Heilkraft geworden.

Gupha – Eine Initiation in den Geist des Todes

Ich war in den letzten Monaten unter merkwürdigen Umständen wiederholt mit dem Tod konfrontiert worden, und mein Sohn war an Leukämie erkrankt. Doch die Heilkraft der schamanischen Heilrituale wurde mir erneut vor Augen gestellt, als bei meinem Sohn nach einer Zytostatika-Behandlung die Zahl der Blutkörperchen massiv abgefallen war. Nach einem intensiven gemeinsamen Heilritual hatten sich die Laborwerte am nächsten Tag so gut erholt, daß ein bereits fertiggestelltes Thrombozytenkonzentrat nicht gegeben zu werden brauchte. Da sich keine medizinische

Erklärung fand, wurden die Meßergebnisse des Vortages angezweifelt. War es Zufall? Wer schamanisch arbeitet, muß damit rechnen, daß ihm so manches zu-fällt.

Ich beschloß, trotz der knappen Zeit, nach Nepal zu fliegen und mich mit den Schamanen zu beraten. Wir führten mehrere Rituale für meinen Sohn durch, während deren *Parvati* einen günstigen Verlauf voraussah, aber auch die Fortsetzung der allopathischen Behandlung empfahl.

Ich spürte, daß ich die Erfahrungen und Ereignisse der vergangenen Zeit noch tiefer verstehen wollte. Ich brauchte innere Kraft, und Mohan riet mir, mit Indra eine *Gupha* durchzuführen. Mohans Vater pflegte, sich einmal im Jahr für sieben Tage im Dschungel zurückzuziehen, um mit sich ins Reine zu kommen und aus dem Kontakt mit den Kräften der Natur Kraft und inneren Frieden zu gewinnen. Es ist üblich, daß sich Schamanen zu Beginn ihrer Berufung und in jährlichen Abständen für mehrere Tage, Wochen oder Monate zurückziehen. Dies kann in Abhängigkeit von der vorwiegend verehrten Kraft eine Höhle, der Wald, ein Flußufer oder Friedhof sein.

Trotz meiner engen Verbindung zu *Boneskandi*, der Königin des Waldes, wurde beschlossen, daß ich die verbliebenen Tage für eine *Gupha* auf dem Friedhof nutzen sollte. Indra ist ein Meister der Totengeister und er sollte mich in ihre Gegenwart und in die Kommunikation mit ihnen einführen. Erneut beschlich mich eine innere Angst. Hatte ich das wirklich gewollt? Teufelsbeschwörungen und schwarze Messen waren so ziemlich das Letzte, auf das ich mich mit meiner katholischen Erziehung einlassen würde. Und wieder ging ich mein ganzes Leben, meine Ideale und meine Erfahrungen durch. Doch ich war bereit, mich auf dieses Ritual einzulassen. Ich fühlte mich genügend spirituell verankert, um *Kalomashan*, dem schwarzen Tod, zu begegnen. Ich sagte zu, muß aber ein ziemlich verstörtes Gesicht gemacht haben, denn Mohans Sohn meinte, ich solle mich doch über diese seltene Gelegenheit freuen. Aber ich wußte, daß man mit den geistigen Kräften nicht spielen darf.

Es wurden sofort Vorbereitungen getroffen. Indra nahm mich mit zu einem Stoffhändler, um mich beim Ritual in ein schwarzes Schamanengewand kleiden zu können. Sorgfältig wurden die Stoffe ausgewählt. Ich kaufte seiner Frau, die mitkam, noch einen Schal und einen Lunghi, die sie unterwegs trug. Danach gingen wir gemeinsam zum Schneider, der neugierig blickte, als die Maße für das Gewand abgenommen wurden. Ohne Eile liefen wir an den Geschäften und Gärten vorbei, während sich eine Art froher Erwartung und inneren Friedens ausbreitete.

Indra hielt an. Er hatte beschlossen, nicht irgendeinen Friedhof in der Nähe zu benutzen, sondern den weiten Weg zu seinem Heimatdorf zu fahren, um die Initiation auf dem Grab seines Vaters durchführen zu können. Er nahm seine Kette aus *Rudraksyas* und Bergkristallen, *Shiva* und *Shakti* symbolisierend, vom Hals und legte sie mir um. Bewegt schaute ich zu ihm und gab ihm meine Perlenkette, die ich Tage zuvor beim *Shivaratri*-Fest im Hain zu Pashupatinath erstanden hatte. Mein Herz weitete sich, und ich spürte eine tiefe Liebe zu Indra und dieser langen Kette von Meistern, die bis hinauf zu *Shiva* reichte. Es ist mit Worten schwer zu beschreiben und mit dem Verstand schwer zu begreifen. Ich hatte in Indien eine Reihe bekannter Yogis und Yoginis getroffen, aber der Funke war nicht übergesprungen. Es ist nicht unbedingt die Vollkommenheit des Meisters, es ist etwas ganz Persönliches, Intimes, Schlichtes, das im Innern auflodert und den Schüler so mit dem Meister verbindet und ihn als Teil dieser Tradition initiiert. Wir gingen schweigend weiter.

Am Nachmittag saßen wir wieder in Mohans Haus zusammen. Indra überreichte mir einen Bronzeteller mit Reis, einer Öllampe und einem Blatt mit dem Mantra *Kalomashans*. Ich verneigte mich, legte einen Geldschein in die Schale und reichte sie ihm zurück. Ich bekam Anweisungen für die richtige Verwendung und packte dann meine Sachen für den nächsten Tag.

Früh im Morgengrauen holten mich Indra, seine zweite Frau und Mohans Sohn vom Hotel ab. In einem auch für Nepal verhältnismäßig klapprigen Bus fuhren wir über Stunden in die Berge. Die Teerstraße wurde bald von einer holprigen Staubpiste abgelöst, die sich in die Berge wand. Ich hatte mich in einen Schal eingewickelt, um ungestört mein Mantra wiederholen zu können. Zwischendurch, wenn der Sitz gar zu unbequem wurde, hielt der Bus zu Teepausen, und neue Gepäckstücke, Säcke mit Reis und Menschen stapelten sich im Bus übereinander. Schließlich war Endstation, und wir liefen die letzten Kilometer auf Pfaden zu einem an einen Berghang geklebten Dorf, das von terrassierten Feldern und Wald umgeben war. Die ein- und zweistöckigen Häuser waren säuberlich mit ockerfarbenem Lehm bestrichen. In einem kleinen Zimmerchen über einem Stall wurden wir untergebracht. Die Wände waren mit den Plakaten indischer Sängerinnen beklebt. Zur Begrüßung verteilten wir Bonbons unter den Kindern, die Indra vorsorglich nebst anderem Proviant erstanden hatte.

Die Zeit drängte, und wir bereiteten das Ritual für den Abend vor. Mohan stellte Reiskegel für den Altar her, und wir kleideten uns ein: schwarzes Schamanengewand, *Rudraksya Malas*, *Ridha Malas* und die Ketten mit den Eisenglocken kreuzweise über die Schultern, ein weißes und ein rotes Tuch für *Shiva* und *Shakti* um den Kopf geschlungen und die Federkrone mit den Pfauenfedern darüber. Jedes Utensil hat eine tiefere Bedeutung und ist eng mit dem gelebten Mythos verbunden, so daß bereits das bewußte Einkleiden und Wiederholen der entsprechenden Mantren eine andere Sicht der Wirklichkeit eröffnet. Indra ließ Wasser durch seine Knochentrompete fließen, blies auf ihr, trommelte und rief die Kräfte, und sein Gesang verhallte in der Ferne des nördlichen Sternenhimmels über uns. Nach mehreren Pausen, in denen er genüßlich eine Zigarette rauchte und mit Dorfbewohnern plauderte, intensivierte er seinen Gesang und blies mich an. Ich spürte mich von einem wachsenden Kraftfeld durchdrungen.

Von mehreren Taschenlampen angeführt, eilten wir zu dem Friedhof und den Gräbern mit den aufgeschichteten Steinpyramiden. Hinter dem Grab von Indras Vater sitzend, beobachtete ich, wie Indra erneut trommelte und sang und dann in jede Himmelsrichtung gehend mit einem langen durchdringenden Pfeifton die Totengeister rief. Es wurden ein Huhn geopfert und weitere Opfergaben dargebracht, während mein Blick in die Ferne ging, über das Tal hinweg nach Norden, dem dunklen Himmel zugewandt. Schließlich wurde ich auf dem Grab plaziert, von einer Matte vor dem Einwirken übelwollender Kräfte geschützt. Dann wurde ich allein gelassen.

In der Stille, mir überlassen, saß ich da und versuchte, das Mantra – so gut es ging – zu wiederholen. Auf dem Grab des Vaters meines Meisters sitzend, auf einer Felsnase über einem Tal des Himalayas, den Blick in die Weite des nördlichen Sternenhimmels gerichtet, den inneren Blick zum Herzen gewendet, wurde ich erneut berührt. Am nächsten Tag führte mich Indra zu den Stätten seiner Kindheit, zeigte mir den Felsen, an dem er seine ersten Visionen empfing, von wo er in der von einem Wasserfall ausgewaschenen Schlucht unter sich die Schamanen der Vorzeit in einer Höhle trommeln und ihn rufen hörte. Mitten im Dickicht fanden wir einen kleinen Altar für *Shikari*, den göttlichen Jäger, von einem Schamanen des Nachbardorfes errichtet. Und während Indra weiter erzählte, verstrich der Nachmittag, und wir bereiteten uns auf die Fortsetzung des Rituals vor. Um Mitternacht sollten die Kräfte gerufen werden. Ich hatte mich von der anstrengenden Busfahrt erholt und sammelte mich.

Das Ritual begann in der gleichen Weise. Diesmal fühlte ich eine gewaltige Energie in mir hochsteigen, die mich mitriß und mich tief in die andere Wirklichkeit eintauchen ließ, die Zeit stand still. Das Ritual – alles war so klar und selbstverständlich. Ich folgte dem inneren Licht, und erst als wir wieder zurück in Kathmandu waren und mit Indra, Mohan und dessen Sohn alle Details des Rituals durchsprachen, wurde mir klar, was es heißt, wenn die Schamanen in Trance die neun Stufen zur Oberwelt hinaufsteigen oder die sieben Tunnels in die Unterwelt hinabsteigen.

Erschöpft schlief ich nach der Besprechung bei einer kurzen Rast ein. Als ich wieder aufwachte und mich über die staubigen Straßen auf den Weg in mein Hotel machte, fing auf einmal die ganze Atmosphäre an, sich sachte zu verändern, und alles wurde in einen göttlichen Glanz eingetaucht. Der Himmel brach auf und Myriaden von Farben und Regenbögen ergossen sich vor meinen Augen, und ich spürte, daß ich eins war mit allem und die Gesichter, die Augen der Menschen unmittelbar verstehen konnte. Alles schien leicht und selbstverständlich, selbst der Taxifahrer schien mich zu verstehen. Ich war heil, endlich heil.

Schamanische Heilverfahren – eine Medizin der Zukunft?

Getränkt von diesen Erfahrungen, mit dem Staub der Berge auf meiner Haut, ging ich am nächsten Tag ins Radisson Hotel. Der Kontrast konnte nicht größer sein, aber es gestaltete sich wunderbar.

Ich verband den Besuch in Nepal mit der Möglichkeit, im Rahmen des Kongresses der "Milton Erickson Gesellschaft" ein Seminar über den Schamanismus aus der Sicht der westlichen Medizin zu gestalten. Mohan, Maile, Indra und Parvati waren damit einverstanden, nach meinem Vortrag eine Demonstration ihrer Heilrituale zu geben und bereiteten alles mit größter Sorgfalt vor. Das große Interesse sowohl der westlichen Seminarteilnehmer als auch der nepalesischen Psychiater und des ehemaligen nepalesischen Botschafters in Deutschland zeigte mir, daß es der richtige Weg war, einen Dialog zwischen Schamanismus und westlicher Medizin zu suchen. Es wurde mir bei der Beschäftigung mit dem nepalesischen Schamanismus klar, daß dieser zwar eine kulturgebundene Form besitzt, aber auf universalen Gesetzmäßigkeiten der menschlichen Psyche beruht und daher für mein Selbstverständnis als Arzt und mein therapeutisches Handeln eine praktische Relevanz besaß. Durch meine Auseinandersetzung mit den Schamanen und mit den neuen Erfahrungen erweiterten sich mein Menschenbild und meine Vorstellung von dem, was Krankheit und Heilung bedeuten.

Die westliche Medizin hat sich schon immer – z. T. gepaart mit kolonialer Überheblichkeit und Abwertung – aus dem schamanischen Wissen bedient. So entstammen eine Reihe der wichtigsten, heute in der westlichen Medizin verwendeten Arzneimittel dem Kräuterwissen der Schamanen. Einzelne Konzerne gingen auch soweit, sich alte Pflanzenrezepturen patentieren zu lassen und damit dem Zugriff der traditionellen Heiler rechtlich zu entziehen (z. B. das Ayahuasca, dessen Patentierung erst kürzlich durch die gerichtliche Intervention der Schamanen Amazoniens wieder aufgehoben wurde). Auch die Hypnose und die davon abgeleiteten modernen Entspannungstechniken und verschiedene humanistische und transpersonale Psychotherapiemethoden haben ihre Wurzeln in der schamanischen Heilpraxis. Eine nähere Betrachtung nepalesischer Heilrituale zeigt, daß in ihnen eine Reihe unterschiedlicher, auch in der westlichen Psychotherapie verwendeter Methoden, sinnvoll miteinander verwoben sind.

Erst die Entwicklung der modernen psychosomatischen Konzepte ermöglicht uns ein tieferes Verständnis der Wirkmechanismen schamanischer Heilrituale. Es ist zu erwarten, daß die neueren Entdeckungen der Quantenphysik mit ihrem Verständnis von Raum, Zeit und Bewußtsein zu einem umfassenderen Verständnis des Schamanismus führen werden. Diese Einsichten dürfen jedoch nicht darüber hinwegtäuschen, daß das schamanische Heilen weit darüber hinaus geht und eigene Deutungsebenen und eine eigene Sprache hat, die es nicht erlauben, schamanische Heilmethoden auf medizinische Techniken zu reduzieren.

Der tiefe Eindruck, den schamanische Heilrituale beim Teilnehmer hinterlassen, beruht auf ihrer Unmittelbarkeit und Ganzheitlichkeit, die alle Ebenen des Menschen ergreift, sowie auf ihrem kosmischen Bezug. Die schamanische Ekstase läßt den Einzelnen die Entfremdung zu sich selbst, den anderen und der Welt überwinden und ihn zu seiner eigenen Kraft finden. Die schamanische Trance, der gemeinsame Mythos und die Verehrung der Kräfte der Natur sind m. E. die drei Grundelemente des schamanischen Heilens. Die durch den Trommelrhythmus induzierte Trance ist, wie Mohan sich ausdrückt, der Treibstoff, der das Flugzeug weitertreibt, der Mythos ist die Landkarte und die Kräfte der Natur sind der Raum, in dem sich das Flugzeug bewegt. Im Heilritual begibt sich der Schamane in Trance, um die im Mythos vorgegebenen Kräfte zu evozieren und die Störungen der Harmonie auszugleichen. Die verlorene Ordnung wird wieder hergestellt, und der Einzelne erhält seinen Platz im Kosmos zurück. Damit sind die Schamanen Nepals für mich die Bewahrer einer echten Heilkunde, wie sie in der westlichen Medizin unter dem Zeit- und Kostendruck einer Apparatemedizin immer weniger möglich ist.

Das von Mohan Rai gegründete "Shamanistic Studies and Research Centre" versteht sich als Forum, das in Zusammenarbeit mit traditionellen Schamanen die Auseinandersetzung mit schamanischen Heilmethoden fördert. Maile und Indra sehen das unpragmatisch und nehmen bei Kopfschmerzen durchaus auch Aspirin-Tabletten. Die Schwierigkeiten sind eher auf westlicher Seite zu finden, die aus einem verinner-lichten kulturellen Vorurteil heraus westlicher Medizin Allgemeingültigkeit und tradi-tionellen Methoden lediglich lokale Bedeutung attestiert.

Literaturliste

DESJARLAIS, R.: Body and Emotion. The Aesthetics of Illness and Healing in the Nepal Himalayas. Motilal Banarsidass, Delhi 1992.

EIGNER, D.: Die Kraft der Götter – Tamang Schamanentum in Nepal. In: Schenk, A./ Rätsch, C.: Was ist ein Schamane? S. 177 - 188. VWB, Berlin 1999.

HITCHCOCK, J./ JONES R. .(Edit.): Spirit Possession in the Nepal Himalayas. Vikas, Delhi 1994.

MILLER, C.: Faith-Healers in the Himalayas. Sahayogi, Kathmandu 1987.

MÜLLER-EBELING, C./ RÄTSCH, C./SHAHI, S.B.:Schamanismus und Tantra in Nepal. AT Verlag, Aarau 2000.

OPPITZ, M.: From one Shaman to the next.In: Schenk, A./Rätsch, C. :Was ist ein Schamane? S. 27- 42. VWB, Berlin 1999.

PETERS, L.:Trance, Initiation and Psychotherapy in Tamang Shamanism. American Ethnologist 9: S. 21 - 46,1982.

SHRESTHA, R../ LEDIARD, M.: Faith Healers: A Force for Change. Educatio-nal Enterprises, Kathmandu 1980.

WINNER, E./RAI, M.: The Shaman of Dorokha Conquers the Bokshies. Shaman´s Drum: 54, S. 23 - 29, 2000.

WINNER, E.: Doubting Shaman: An American´s Apprenticeship in Nepali Shamanism. Shaman´s Drum: Summer, S. 25 - 31, 1993.

Dr. med. Dipl.-Biol. Andreas Reimers, *1953, ist als Nervenarzt und Psycho-therapeut in eigener Praxis tätig. Im Rahmen seiner Seminare, Vorträge und Publikationen befaßt er sich mit veränderten Bewußtseinszuständen in Meditation, Mystik und Schamanismus. An der Universität Münster leitet er das Projekt "Krankheit und Heilung im kulturellen Kontext".*

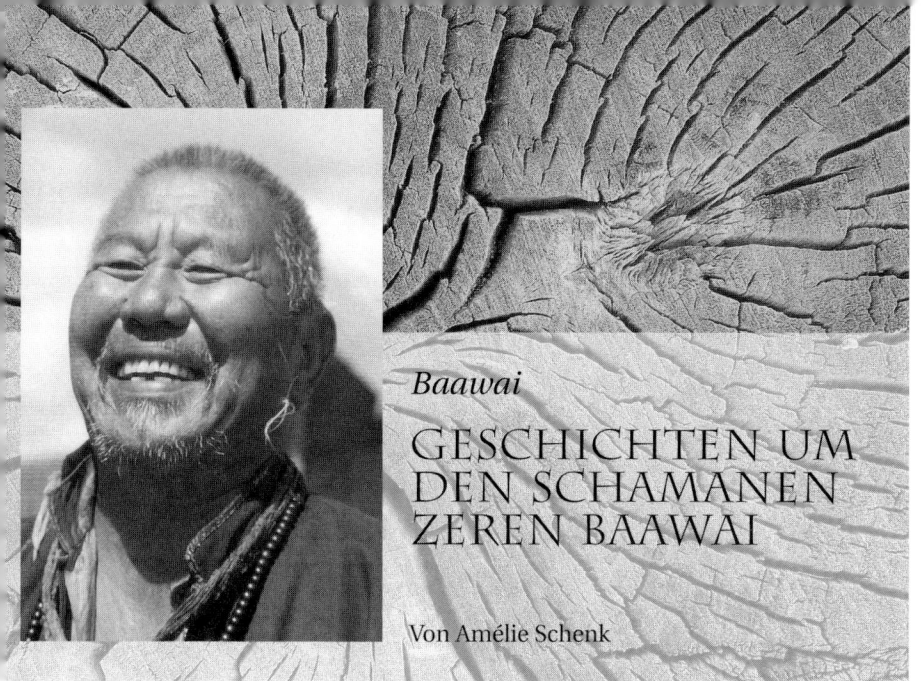

Baawai

GESCHICHTEN UM DEN SCHAMANEN ZEREN BAAWAI

Von Amélie Schenk

Welch eine eklig harte Nuß, dieser Alte, titulierte ich anfangs Zeren Baawai, den großen Schamanen. Das war meine Antwort für ihn. Er wollte mich nicht empfangen –
an jenem Hochsommertag des Jahres 1991. Obwohl er dastand, weniger als nur zehn
Schritt entfernt, kernig kräftig und, wie mir schien, in bester Streitlaune. Da bockte
ich erst recht, wie zu Kindszeiten, als mir Dinge verwehrt wurden und ich mich
trotzdem durchsetzen wollte, ja, und ich verspürte, je mehr ich mich in Rage hoch-
schraubte, eine wachsende heimliche Lust an der Toberei, die mich nun richtig über-
kochen ließ. Kein Wort wog ich mehr ab, platzte und polterte frech mit allem heraus.
Und all das wurde zur Belustigung der auf Neuigkeiten und aufsehenserregende
Dinge so erpichten Nomaden, die uns inzwischen einkreisten, auch noch Wort für
Wort, Silbe für Silbe übersetzt.

Was war geschehen? Zum zweiten Mal nun war ich zu den Burjaten der nordöst-
lichen Mongolei gekommen, um ihren großen Schamanen zu treffen. Das Jahr zuvor
war ich mit einer Sänger- und Musikergruppe des Nationaltheaters aus Ulaanbaatar,
der mongolischen Hauptstadt, auf dem Land unterwegs. Eine der vielen Gewerk-
schaftsunterorganisationen betreute uns. Ich hatte allen einen Floh ins Ohr gesetzt:
Paßt mal auf, ich möchte Schamanen treffen, schaut euch um, hört euch um!

Die Mongolei hatte gerade erst den Kommunismus mit den ersten freien Wahlen im
Land abgewählt, und was nun kommen würde, das wagte man fernab der Städte und
Ansiedlungen unter den Nomaden nicht richtig zu denken. Ich erinnere mich an

heftigste Auseinandersetzungen um das Für und Wider der neuen Zeit, von der man nicht wußte, was sie bedeutete. Nur: Das Alte sollte nicht mehr gelten. Und soviel war gewiß: Die Rede- und Meinungsfreiheit wurde schon deftig ausgekostet, wurde einhellig begrüßt. Die Künstler waren freizügig, die Gewerkschaftsvertreter eher zögerlich, die Schamanen noch nicht in Sichtweite.

Mir war dennoch, wir würden den Schamanen näher kommen. Dann kam die Nachricht: Ja, unweit – für mongolische Verhältnisse nur knapp hundert Kilometer – wohnt ein Schamane, der nennenswert ist.

Der Weg führte uns gen Süden. Auf halber Strecke passierten wir einen Paß, einen kaum als solchen erkennbaren zwar, aber einen für unseren Schamanen wichtigen. Wir hielten an. Alles stieg aus und opferte dem *Owoo* von dem, was man hatte: Bonbons, Kekse, Trockenquark und auch Wodka, von dem jeder einen Schluck zu sich nahm. Dreimal im Sonnensinn umrunden gehört auch dazu. Aus den Wolkenbergen im schwarz bedrängten Westen jagten erste Blitze herunter. Die Gewitterwand schob sich uns unaufhaltsam entgegen. Vereinzelt fielen dicke Tropfen. Weiter ging die Fahrt, voraus der Parteichef in einem russischen Jeep, dann wir in einem geländegängigen Gefährt, einem russischen Kleinbus auf Hochrädern, wie gemacht um Flüsse und Sümpfe zu durchqueren, von einem Kleinlaster für das Gepäck und die Instrumente gefolgt. Bald schon klopfte der Regen auf uns nieder. Tage zuvor hatte es bereits unmäßig geschüttet, die Steppe war davon immer noch aufgeweicht und vielerorts morastig. Ich begriff rasch, dieses Mal zumindest würden wir nicht in der Gunst des Himmels stehen.

Aber zur Stunde verschwendete keiner von uns auch nur einen Gedanken an etwas, das uns hätte hinderlich sein können. Zu ausgelassen waren wir, in froher Erwartung. Unter dem sozialistischen Regime hatte keiner der Künstler je einen Schamanen erlebt. Und jetzt sollte es soweit sein.

Unsere kleine Wagenkolonne bog von der alten Heerstraße Richtung Westen ab. Nur noch wenige Kilometer merkte einer an, wir seien am Ziel. Die Nacht ging mit schwarzem Regen nieder. Da stoppte die Kolonne. Weiter vorne flogen Stimmen hin und her, Taschenlampen wurden geschwenkt. Nichts Gutes, vermutlich lag eine sumpfige Stelle voraus. Abwarten, schön warten, wie es immer heißt. Doch nichts half. Der Parteichef pochte schließlich von außen an unsere Tür und erklärte, daß ein überquellender Flußlauf mit schlammigem Grund, den wir so nicht nehmen konnten, auf unserem Weg lag. Es hätte keinen Sinn, wir sollten kehrtmachen. Mir schien, als ob Genugtuung in seiner Stimme lag. Sich ohne Auftrag und Genehmigung und dem sonst üblichen Vorgehen zu einem Schamanen aufmachen? Das hat es doch noch nie gegeben! Und er war der Chef, das bislang wachende Auge, das weithörende Ohr, der starke Arm, der gewöhnlich die Dinge gewährte, oder auch nicht.

Und wie er so sprach, schauten alle auf mich, wie wenn ich etwas dagegen zu sagen hätte, gar ändern könnte.

Mein Geist, der stets etwas will, unstet ist, vorandrängt, war längst mürbe geworden. Wir alle mußten uns in die Verhältnisse schicken. Und so beschlossen wir stattdessen zu einer Nomadenfamilie weiterzufahren, welche uns eingeladen hatte, die Nacht bei ihr zu verbringen.

Daraus entwickelte sich ein Gelage, das bis zum Morgen dauerte. Es gab Wodka, reichlich Zigaretten, Hammelfleischsuppe, noch mehr Wodka, ein Musiker spielte die pferdeköpfige Geige, Chorsolsureng sang, worauf es erst recht noch mehr Wodka gab, dann *Aaruul*, den luftgetrockneten Quark zum Knabbern, noch mehr Wodka, noch mehr Lieder, Tränen und wieder Wodka. Reden wurden gehalten, die neue Zeit be- und zerredet, worauf nun im großen Stil erst recht ordentlich Wodka getrunken wurde. Ich tat, was alle taten: Ich trank, sang, aß reichlich, hatte aber letztlich nur den verpaßten Schamanen im Sinn. Der alte Dschamjan, Schwiegervater des Parteisekretärs und später einer meiner treuesten Helfer und Ratgeber in all den Jahren unter den Burjaten, nahm sich meiner an. Meine Enttäuschung hatte ich nicht verbergen können. So kam es, daß wir lange nach Mitternacht zu dritt in unserem Kleinbus saßen und uns unterhielten; die Dritte war eine Übersetzerin der Gewerkschaft. Dschamjan erzählte breit und bereitwillig das wenige, das er von Zeren wußte. Noch nicht lange sei es her gewesen, daß er des Schamanens wegen angeklagt worden war, und er, Dschamjan, sei als Volksvertreter zu der Verhandlung vorgeladen gewesen. Die Gefängnisstrafe sei nicht von ihm abzuwenden gewesen. Aber er wurde wegen guter Führung frühzeitig entlassen. Ich prägte mir alles gut ein, so gut, wie es – übermüdet und vom Wodka beschwert – eben ging.

Die nächtens erzählten Bilder setzten sich fest. Ein Jahr zehrte ich davon. So auch von dem würzigen Geruch der Steppengräser, der ins Gemüt drängenden, überflutenden Weite des Graslandes und dem hohen, oft unwirklichen blauen Himmel. Vor allem aber von der von Herzen kommenden Wärme, der freudvollen Harmlosigkeit der Nomaden.

Dieses Mal nun hatte ich einen eigenen Wagen. Der Gewerkschaftsvertreter Batsüch vom vergangenen Jahr hatte mir im Aimakzentrum einen russischen Jeep besorgt. Und er kam selbst mit – eine Geste der Gastfreundschaft und der Fürsorge für den weit her gereisten Gast. Was, wenn ihm etwas zustoßen würde? Zeren war mein Ziel. Und hitzig, wie ich sein kann, war ich voll heller Erwartungen.

Umso größer nun die Enttäuschung über seine Sturbockigkeit, seine Übellaunigkeit. Ich tobte noch ein wenig zurück, zunächst durchaus auftrumpfend, bald aber schon selbstvergessen, halbwegs gebrochen. Zwischen uns lag ein tiefer Graben. Stur gegen stur, der Bock gegen die Zicke! "Solche Typen kenne ich", beschimpfte er den Gewerksschaftsmenschen, "sie haben uns jahrelang bespitzelt, und nun wollen sie auf Liebkind machen. Nein, ich bin für nichts zu haben." Meinte er mich? Dann fand ich das alles ziemlich ungerecht. Ich war ja nicht Teil des alten Regimes. Doch den Trotzkopf störte nichts: "Und auf einer Briefmarke möchte ich nicht abgebildet sein eines Tages. Ich nicht!"

Inzwischen – wir schreiben das Jahr 1999 – sollte es anders kommen. In einem Werbefilm für die Mongolei, den die mongolische Fluggesellschaft auf ihren Auslandsflügen zeigt, ist eine Sequenz mit unserem Schamanen Zeren zu sehen. Er steht für das Urtümlich-Geheimnisvolle, die schamanische Urkraft des Landes, und wirbt dafür, ohne daß er je darum gefragt, geschweige denn dafür entlohnt wurde. Das, was er mir damals unterstellen wollte und vor dem er sich hatte bewahren wollen, ist nun hintenherum auf eine andere Weise doch wahrgeworden. Anstelle auf einer Briefmarke von hinten beleckt zu werden, nun dieses Kinospektakel im Himmel.

So ungestüm wie alles anfing, zunächst mit Blitz und Donner und einem Himmel, der sich entleerte und einem unpassierbaren Sumpf und Flußlauf, der zwischen uns lag, dann mit feurigen Wortgeschützen, die hin- und herflogen, glaubte ich mich am Punkt ohne Wiederkehr, ohne Reue, ohne Regeln und Anstand und tobte mit. Da kam der Wendepunkt: Die große Stille brach herein. Zeren Baawai lenkte ein, ließ einen Filz holen und ausbreiten und lud mich ein, darauf Platz zu nehmen.

Vielleicht war das meine Aufnahmeprüfung. Diese eklig harte Nuß bringt uns heute noch zum Lachen. Manchmal schäme ich mich ein bißchen im Gedenken an meine Unverschämtheit von damals. Und damit aufschneiden sollte ich schon gar nicht. Dann aber überwiegt die Überzeugung: Ich war damals ganz in mir selbst und echt. Und diese Echtheit entwaffnet einen, ja erschlägt einen – offenbar auch einen großen Schamanen. Mir scheint, als habe ich damals eine Tür aufgestoßen, die womöglich nur angelehnt war und seitdem nicht mehr zugefallen ist.

Dr. phil. Amélie Schenk, Lehrbeauftragte an der Benares Hindu University, Indien, Schwerpunkt Mongolei, promovierte Ethnologin mit zahlreichen Veröffentlichungen und eine hervorragende Kennerin des Schamanentums und der Heilweisen der Stammeskulturen. Sie lebte bei Indianern in Nordamerika, später einige Jahre in Indien, wo sie an der Benares Hindu University, Varanasi lehrte und von wo aus sie Forschungsreisen in den Himalaya unternahm. Seit der Wende in der Mongolei ist dieses Land ihr Schwerpunkt. Ihr Anliegen ist es, die Vermittlung des Wissens und der Kulturtechniken der alten Völker zu fördern.

Hi-ah Park

BEGEGNUNG MIT EINER KOREANISCHEN SCHAMANIN

Von Claudia Müller-Ebeling

Ich lernte Hi-ah Park 1992 auf "akademischer" Ebene kennen. Eine Schamanin akademisch? Klingt paradox. Doch in den "Welten des Bewußtseins" ist alles möglich – und so hieß der erste Kongreß, den das "Europäische Collegium für Bewußtseinsstudien" (European Colleague of the Study of Consciousness, ECBS/ECSC) in Göttingen damals vorbereitete. Für die Nachmittage waren parallele Sektionen geplant. "Klang, Rhythmus, Atem, Tanz und veränderte Bewußtseinszustände". Wie maßgeschneidert für diesen Titel klang der Vorschlag des Psychiaters und Musiktherapeuten Peter Hess, eine koreanische Schamanin als Referentin einzuladen. Er habe Hi-ah Park einmal in einem Seminar in Frankfurt erlebt, und es sei sehr beeindruckend gewesen, wie Rhythmus, Atem und Tanz sie spontan in einen anderen Bewußtseinszustand, nämlich in Trance versetzten. Therapeutisch eingesetzt soll Musik den Patienten ermöglichen, in eine Art Trancezustand zu fallen, aus dem Selbstheilungskräfte erwachsen können. Doch im Westen ist Trance kein vertrautes Phänomen. Wir waren daher alle angetan über diese authentische Bereicherung des geplanten Podiumsgespräches mit (männlichen und weiblichen) Musikwissenschaftlern und planten vor lauter Begeisterung gleich noch einen Workshop ein.

Peter Hess wollte Hi-ah Park mit Gong und Trommel begleiten. Neben meinem eigenen Vortrag hatte ich einige Aufgaben übernommen, wie z. B. die Betreuung der Presse. Die Universität Göttingen hatte unentgeltlich Räumlichkeiten zur Verfügung gestellt und der Kongreß sollte dem Lebenswerk des ECBS-Gründers und verdienten Göttinger Psychologen und Psychotherapeuten Hans-Carl Leuner Würdigung verschaffen. (Mit seiner psycholytischen LSD-Therapie und der Erfindung des katathymen Bilderlebens hatte er sich einen Namen gemacht.) Ein Kostüm schien mir das passende Outfit, um bei der Presse und der Universität Vertrauen für ein Thema aufzubauen, das mit der Note behaftet ist, nicht wissenschaftlich und daher nicht ernstzunehmend zu sein. Gleichzeitig jedoch reizte es mich, in Deutschland einer Schamanin zu begegnen, die aus einem kulturellen Hintergrund kommt, in dem es – trotz aller Orientierung an westlichen Wert- und Wirtschaftsmaßstäben – bis heute Schamanismus und das Phänomen der Trance gibt. So machte ich mich zum Workshop mit Hi-ah Park und Peter Hess auf.

Vor mir stand eine zierliche, drahtige Frau mit überhüftlangen, schwarzen Haaren. In ihrem legeren Gymnastikoutfit bewegte sie sich schlangenhaft elastisch zu den Klängen der Trommel und des Gongs. Hi-ah hatte schnell alle in einem magisch-hypnotischen Griff. Bereitwillig folgten die TeilnehmerInnen ihrer Aufforderung, soundso zu atmen und sich soundso zu bewegen. In meinem ungewohnt engen Kostüm fiel es mir jedoch einigermaßen schwer, mich wie angeordnet auf dem Boden zu wälzen. Ich entschied mich deshalb, lieber nur "auf einer Hochzeit zu tanzen", und ging zurück zur Rezeption.

Am letzten Nachmittag hatte ich dann, gemeinsam mit meinem ECBS-Kollegen Gerhard Heller, den Vorsitz der Sektion "Nah-Todes-Erfahrungen und Out-of-Body-Erlebnisse". Gerade war ich mit der kniffligen Aufgabe konfrontiert, die Publikumsbeschimpfungen eines Referenten konstruktiv zu wenden, da hörte ich im Nebenraum tosenden Beifall und frenetische Trommelschläge. Alle, die es in unsere Sektion verschlagen hatte, hielten inne. Es klang so, als ob nebenan jemand auf den Tischen tanzte, angefeuert von einem begeisterten Publikum.

Und so war es auch, wie ich nachträglich erfuhr. Es sollte um Musik, Tanz, Atem und veränderte Bewußtseinszustände gehen, leider aber nur auf Deutsch, nicht auf Englisch und schon gar nicht auf Koreanisch. Nach einigen gewichtigen Podiumsbeiträgen der geladenen Musiktherapeuten und -therapeutinnen hatte sich Hi-ah entschieden, in ihrer eigenen Sprache zu sprechen – und das war Tanz, Ekstase und Trance. Wie ein Wirbelwind, so erzählte man mir, war sie aufgesprungen, hatte zur Trommel gegriffen (oder wer hatte getrommelt?), war auf die Tische gesprungen und hatte das staunende Publikum mit einem veränderten Bewußtseinszustand konfrontiert: mit Trance. Das war natürlich ganz und gar unakademisch und sorgte für einigen Wirbel, aber auch für Enthusiasmus unter dem Publikum, das aufgrund der vielen theoretischen musikwissenschaftlichen Erklärungen in eine ganz andere Art von Trance gefallen war. So jedenfalls lautete die anschließende Erklärung von Hi-ah Park: "Die Leute wollten endlich erleben, was es heißt, mit Hilfe von Musik, Atem, Rhythmus und Tanz in einen anderen Bewußtseinszustand zu kommen. Und ich bin aufgestanden, weil ich ohnehin nichts verstehen konnte, und habe spontan ausagiert, was im Raum war. Und das waren verspannte Glieder und gestaute Emotionen. Ich habe sie einfach entlassen, all diese unterdrückten Gefühle – die von mir und die von den anderen."

Hi-ah hat sich damit nicht nur beliebt gemacht, auch unbeliebt. Und damit sind wir im Kern dessen angelangt, was Schamanismus ist: Eine Technik, all die Dämonen zu entlassen, die sich durch Stauung und Unterdrückung von Gefühlen einnisten und ihr verkrampfendes Unwesen treiben. Solche Verkrampfungen können sich in psychischen oder physischen Problemen äußern. Schamanen machen keinen Unterschied. Es gibt Leben und Tod, positive und negative Dinge, Engel und Dämonen, und mit allen diesen Komponenten muß man umgehen, ohne etwas zu negieren, verdrängen oder schön zu reden. Für Schamanen hängen Körper, Geist und Seele unlösbar zusammen. Wer körperlich krank ist, ist dies in der Regel aufgrund von unterdrückten Gefühlen oder ausgegrenzten spirituellen Wahrnehmungen.

Wer aber ist nun Hi-ah Park? Sie ist weise wie eine Greisin, kindlich wie eine Fünfjährige, schön und elastisch wie eine Frau mit Vierzig, dem Paß nach aber über 60 Jahre alt. Sie ist ein Paradoxon. Und sie lebt in einer paradoxen Welt. Sie wuchs im großzügigen Haushalt ihres wohlhabenden Vaters und ihrer ängstlichen Mutter auf. Inmitten des Koreakrieges verbrachte sie ihre Kindheit und Jugend im Angesicht grauenhafter Kriegserfahrungen. Sie wurde ausgebildet als koreanische Hofmusikerin und Tänzerin und kam durch ein Engagement und Lehraufträge vor etwa 15 Jahren in die USA. Sie war mit einem koreanischen Kollegen verheiratet, von dem sie sich scheiden ließ, nicht weil sie ihn nicht mehr liebte, sondern weil sie es "nicht mehr ertragen konnte, den frauenverachtenden konfuzianisch-christlich-koreanischen Prinzipien" ausgesetzt zu sein.

Nachdem sie sich im fremden Amerika allein mit ihren beiden bildschönen Töchtern – die ältere wurde im Juni 2000 als Tempeltänzerin auf Java mit einem indonesischen Tänzer verheiratet, die andere lebt als ehrgeizige und erfolgreiche Unternehmerin in San Francisco – durchgeschlagen hatte (die Familie in Korea sprach nicht mehr mit ihr, da sie sich hatte scheiden lassen) und viele erfolgreiche Dozenturen sowie Musik- und Tanzaufführungen hinter sich gebracht hatte, wurde sie plötzlich von einer unerklärlichen Krankheit befallen: "Ich konnte nicht mehr schlafen, hatte keinen Appetit mehr. Bei einer Tanzvorführung zu improvisierter, moderner Musik brach ich zusammen. Ich spürte meinen Körper nicht mehr. Wochenlang verbrachte ich im Zustand von Agonie. Niemand wußte, was los war. Die Ärzte konnten es nicht erklären, denn sie fanden nichts Organisches. Dann fand ich eines Tages in einem Buchladen ein Buch über koreanischen Schamanismus. Was ich beim Durchblättern las, elektrisierte mich. Die Symptome, die dort als Schamanenkrankheit beschrieben waren, trafen genau auf mich zu." Hi-ah suchte Kontakt zu Landsleuten und erhielt bald den Rat: "Geh nach Korea und suche nach einer Godmother, einer Lehrerin, die dich mit den Geistern in Verbindung bringt und dir hilft, Schamanin zu werden."

Das tat Hi-ah Park. Sie flog nach Seoul, fand ihre Godmother, Kim Kum Wha, die (nach vielen Entbehrungen und Schmähungen) von der heutigen Regierung als Kulturschatz eines bestimmten Rituals anerkannt und geehrt wird. Und sie wurde in einer spektakulären Zeremonie, die meisterlich vom koreanischen Fernsehen später gesendet wurde, zur Schamanin initiiert. "Kim Kum Wha, meine verehrte Godmother, sagte mir damals, nachdem ich in Trance in drei Meter Höhe auf rasierklingenscharfen Messern tanzte, daß ich keine koreanische Schamanin sei, sondern eine kosmopolitische."

In der Tat ist Hi-ah Park eine kosmopolitische Schamanin. Vielleicht ist sie die Einzige. Wer, außer ihr, käme aus einem Land, in dem es den Schamanismus noch immer gibt, und würde auf einem ganz anderen, fernen Kontinent, von der Schamanenkrankheit heimgesucht, aber im noch immer lebendigen, eigenen kulturellen Kontext als Schamanin initiiert?

Das hat ihr nicht nur Glück gebracht. Gesundheit, immer wieder Krankheit und, wie es scheint, ewige Jugend. Hi-ah Park ist eine durchaus kontroverse Persönlichkeit. Das auch macht das schamanistische Weltbild aus. Schamanen sind ambivalente Persönlichkeiten. Sie vereinen alle Spielarten des (Gefühls)lebens in sich. Nicht nur die positiven Seiten. Sie sind keine Engel. Sie sind keine Hexen. Sie sind beides. Weil die Welt nicht schwarz-weiß ist, wie die dualistisch geprägte monotheistische Weltsicht es gerne hätte und die Schamanen seit jeher verfolgt, tötet und unterdrückt – von den Buddhisten, über die Christen und Moslems bis hin zu den Kommunisten. Und sie sind in der Lage, dies auszuagieren. Auch für andere. Das ist nicht immer lustig, aber heilsam.

In ihrem Lebensweg befand sich Hi-ah Park oft an der Grenze – an der Grenze zwischen grenzenloser Bewunderung... und Haß. Es ist nie gesund, jemanden auf den Sockel zu stellen. Auch ein Schamane ist ein Mensch. Er hat dieselben guten und schlechten Eigenschaften wie wir alle. Er ist fehlbar wie wir. Aber er kann in der schamanischen Trance, im Gegensatz zu den meisten von uns, die Grenzen der Dualitäten überschreiten. Und er oder sie kann uns zur heilenden Ganzheit zurückbringen. Das aber bedeutet, den eigenen Dämon in sich selbst zu erkennen und zu respektieren. Niemand läßt sich einfach wegschicken, auch ein Dämon nicht. Aber er läßt sich überzeugen, er läßt sich in einen Handel ein – mit dem Schamanen oder der Schamanin. Diese können seine ungeheure Energie transformieren – zu Heilkräften. Und darin sind Schamanen wie Hi-ah Park Spezialisten.

Einige Jahre hatte Hi-ah Park eine Gastprofessur an der Universität von Hardford, einer hübschen Stadt an der Ostküste Nordamerikas in einem kulturellen Niemandsland zwischen Boston und New York. Sie sollte den Studenten Einblicke in das schamanische Universum geben, und zwar an der Fakultät für Religionswissenschaft. Eine Situation, die vergleichbar damit wäre, daß die Volks- und Betriebswirtschaftler einer amerikanischen Uni einen Gastdozenten aus dem kommunistischen China einladen. Ein weiteres Paradoxon im Leben von Hi-ah Park, das sie einige Jahre mit großem Gewinn für alle Beteiligten durchlebte, bevor sie erneut die (Vogel)freiheit wählte.

Dr. phil. Claudia Müller-Ebeling, 1956, studierte Kunstgeschichte, Ethnologie und Literaturwissenschaft in Freiburg, Hamburg, Paris und Florenz. Sie erforschte die schamanischen Wurzeln der Thanka-Malerei und ist Co-Autorin der Bücher "Hexenmedizin" und "Schamanismus und Tantra in Nepal". Sie lebt als selbständige Wissenschaftlerin und Autorin in Hamburg.

Alexandra Konstantinovna Chirkova

GRENZÜBERSCHREITENDE HEILERIN UND CHIRURGIN

Von Marjorie Mandelstam Balzer

Als ich Alexandra Chirkova 1992 bei einer Konferenz über Schamanismus in der sibirischen Republik Sacha (Jakutien) der Russischen Föderation zum ersten Mal begegnete, hatte sie nach Ansicht vieler Teilnehmer den besten Vortrag zum Thema gehalten. In ihrem Referat beschrieb Alexandra, hochangesehene, in Moskau ausgebildete Chirurgin, ihren Vater Konstantin (1879 - 1974), einen berühmten, aber unterdrückten traditionellen Sacha-Heiler, der den Titel eines Schamanen (in der Sprache der Sacha *oiuun* für männliche, *udagan* für weibliche Schamanen) wirklich verdiente. Alexandra tauchte aus der Verschwiegenheit der Familie auf, um vor einem öffentlichen Forum über Konstantins offenbar wundersame Fähigkeiten zum Heilen und seine stille Ausübung der Heilkunst während der sowjetischen Herrschaft zu berichten (1). Die Konferenz als solche war ein Aufbruch mit dem Ziel, das Verständnis und die Glaubwürdigkeit der unzähligen traditionellen Heilverfahren in Sibirien zu mehren. Die mitreißende Stimmung bei der vor allem von eingesessenen Schülern und Heilkundigen besuchten Konferenz entsprach der Zeit der Hoffnung dieser jungen Republik, die gerade ihre politische "Autonomie" innerhalb der Russischen Föderation erklärt hatte.

Alexandra erzählte, als Kind habe ihr Vater sie zur Seite genommen und ihr anvertraut, daß sie unter den neun Geschwistern in der Familie diejenige sei, die die Gabe des Heilens geerbt hatte. Er hatte sie beobachtet und beschlossen, daß sie Ärztin werden solle: "Du mußt ganz legal lernen, Menschen zu heilen, das heißt, du brauchst eine umfassende Ausbildung mit sämtlichen Zeugnissen und offizieller Zulassung, damit du nicht verfolgt wirst wie ich." Da er wußte, welches Ansehen Chirurgen genießen, fügte er hinzu: "Du mußt eine Ärztin werden, die es versteht zu operieren." Er war überzeugt, daß sich "die moderne Medizin früher oder später für unsere Heilkunst interessieren würde."

Alexandra berichtete stolz: "Mein Vater gab das Heilen nicht auf, aber er wirkte heimlich. Sehr heimlich. Damals war es äußerst schwierig, irgendwelche Séancen abzuhalten. Doch die Leute kamen zu uns nach Hause; es kamen wirklich sehr viele Leute. Sogar als er ganz gebrechlich und bettlägerig war, suchten ihn die Leute auf... Drei Tage bevor Vater starb, kam ein Mann zu ihm und klagte, er habe seinen Sohn verloren. Mein Vater sagte ihm, wo und wann er den Sohn finden werde und wer ihn getötet hatte."

Während ihrer Kindheit traten bei Alexandra viele der berüchtigten Symptome der Schamanenkrankheit auf – man spricht manchmal auch vom "Sacha-Leiden", einer schmerzhaften "Initiation durch Krankheiten", die den Schamanen eine tiefe Empathie mit ihren Patienten ermöglicht. "Als Kind war ich oft krank, wurde sogar bewußtlos ins Krankenhaus eingeliefert. Ich fiel einfach plötzlich um und konnte mich später an nichts erinnern... Ich war noch jung, als ich zum ersten Mal die Kraft spürte. Ich hatte Visionen, Vorahnungen. Doch ich war auch dickköpfig und emotional... Vater versuchte, mir klarzumachen, daß dies nicht richtig war. Ich hatte einen Traum, in dem ich in eine Schlangengrube geworfen wurde. Ich hörte eine Stimme, die sprach: 'Sie wird es begreifen. Sie wird es schaffen'."

Viele Jahre später wurde Alexandra ärztliche Direktorin ihres Distrikts (Abyi) und leitende Ärztin eines Krankenhauses in der Kreisstadt Belaia Gora. Im weißen Kittel half sie in den 1970er und 80er Jahren vielen Patienten, indem sie ihr medizinisches Wissen ebenso wie ihre intuitiven Heilkräfte nutzte.

Als ich Alexandra 1993 zu Hause in Belaia Gora besuchte, hatte sie in ihrer Klinik für Psychotherapie und traditionelle Heilverfahren einen pflanzengeschmückten Musikraum eingerichtet, damals eine bahnbrechende Tat, vor allem in einer Provinzstadt. Sie hatte eine Gruppe von Frauen herangezogen, deren eine sich mit den Heilkräutern der Region, mit Tonika und Aromatherapie auskannte, während die anderen spirituelle schamanische Heilweisen beherrschten. Zwei von ihnen hatten Initiationsleiden durchgemacht, und eine war eine reizende ältere Frau, Großmutter Shura, der Konstantin viele Jahre zuvor bei einer schwierigen Geburt ans Licht der Welt geholfen hatte. Alexandra bewahrte Shura 1991 davor zu erblinden und war überzeugt, daß ihr verstorbener Vater Konstantin über Shura mit ihr in Verbindung trat. Alexandra selbst hielt damals noch keine schamanischen Trommelséancen für Patienten ab. Sie bewahrte das wunderbare Schamanengewand ihres Vaters und seine Trommel zu Hause in einem Versteck auf, benutzte sie aber gelegentlich, um sich in die Wälder zurückzuziehen und sich von Kopfschmerzen, einem Hautleiden und anderen gesundheitlichen Problemen zu befreien.

Während dieser Phase des Wiederauflebens schamanischer Heilweisen in den frühen 90er Jahren erklärte Alexandra: "Ich bemühe mich, die Leute dazu zu bringen, ausführlich über ihre Probleme zu reden. Und zwar geschieht dies in Einzelsitzungen, manchmal aber auch in Gruppen von höchstens acht Personen." Alexandra wurde besonders für ihre Gabe geschätzt, in Notfällen, bei Verletzungen durch Jagdunfälle und bei Alkoholismus einzugreifen.

Ihr Mann vertraute mir 1993 an: "Mitten in der Nacht kommen die Menschen zu ihr, verprügelt, mit Stichwunden, Schuß- und Schnittverletzungen, mit allen möglichen Sachen. Sie holt sie herein und heilt sie. Ich selbst hatte nach einem Autounfall eine Schnittverletzung am Auge und ein Trauma. Ich hatte schlimme Verletzungen. Sie nahm mich, benutzte ihre Hände und ihre heilenden Kräfte und machte mich gesund. Es ist nichts zurückgeblieben."

Im Norden ist der Alkoholismus weit verbreitet und ein großes Problem; die Leute "saufen praktisch alles" und machen nicht mal vor giftigen Lösungsmitteln halt. In der unruhigen Stimmung, die vor allem das Ende der Sowjetherrschaft und die Übergangszeit um 1990 kennzeichnete, war Alexandra für ihre Gemeinde ein Fels in der Brandung.

1993 diagnostizierte Lisa, eine von Alexandras Gehilfinnen, bei mir eine Krankheit, die man normalerweise nur mit Hilfe der Computertomographie nachweisen kann. Zu Lisas Methode gehörte u. a. das Erbrechen, das auch bei eingeborenen amerikanischen Heilern gebräuchlich ist. Sie saugt Verunreinigungen aus dem Körper und muß diese ausspeien; in der Sacha-Sprache heißt dies *bokhsuruiuu*. Dazu erklärte Alexandra: "Lisa speit die Gifte aus und ist anschließend sehr erschöpft. Die Würgerei beim Heilen ist ihr peinlich, aber ich denke, das ist ganz natürlich, und ich arbeite sehr gern mit ihr zusammen. Sie behandelt ihre Patienten gut. Bei leichteren Erkrankungen habe auch ich mitunter das Gefühl, daß ich die Symptome des Patienten aufnehme, sie in meinem Körper spüre. Aber dann spucke ich das aus und fühle mich gut, weil ich weiß, daß der Patient gesund wird. Ich liebe meine Patienten."

Alexandra erzählte mir die Geschichte eines Patienten, die dieser später im Wesentlichen bestätigte: "Nikolai hatte Magenkrebs... Ich hatte sehr große Bedenken, ihn anzunehmen. Er war in Jakutsk operiert worden, und als er zu mir kam, sah er aus, als würde er gleich sterben. Ich war entsetzt. Und seine Frau war zu Besuch bei ihrer Familie, die weit weg lebte. Ich erklärte ihm, wir müßten sie vielleicht telegraphisch zurückrufen. Aber ich mußte auch ihn wegschicken, sagte, er solle tags drauf wiederkommen, bis dahin würde ich mir überlegen, wie ich ihm helfen könnte. Ich brauchte ein Zeichen, daß ich ihm helfen sollte, daß ich ihm helfen könnte. Gut, das Zeichen kam, so daß ich ihn, als er mich am folgenden Tag aufsuchte, als Patienten annahm. Ich konnte mit geschlossenen Augen in ihn hineinsehen, die Eingeweide und ihren Inhalt, das Blut und den Krankheitsherd sehen. Ich erklärte ihm, ich würde ihn wie in Jakutsk operieren, aber nach meiner Methode. Er erbrach sich und entleerte Unmengen Blut und Verunreinigungen aus Mund und Darm. Als er sich wieder beruhigt hatte, sagte er, daß jemand hinter mir stünde. Als ich das hörte, wußte ich, daß es mein Vater war, und daß Nikolai gesunden würde. Ich sagte Nikolai, wenn er nach Hause käme, dürfe er kleine Mengen der Speisen essen, auf die er Lust habe."

Nikolai war keineswegs der einzige Patient, der sagte, er habe einen Mann hinter Alexandra stehen sehen, während sie heilte. Eine Patientin, die weder Konstantin zu seinen Lebzeiten noch sein Photo kannte, versicherte, ihn gesehen zu haben, als man ihr sein Bild zeigte.

Alexandra behauptete, zusätzlich zur spirituellen Kraft ihres Vaters sei die gesamte Region Abyi den heilenden Energien besonders förderlich: "Das liegt an der hiesigen Natur, an den Bergen, den Energien, die der Erde entströmen. Wir sind gar nicht so weit von einem der wirklich stärksten Kraftorte, Kamchatka, entfernt." Tatsächlich sind die heißen Quellen von Kamchatka als Orte für Heilbehandlungen sehr bekannt. Alexandra stellte auch die Verbindung her zur Bedeutung der Ökologie für die Gesundheit der Gesellschaft: Wenn die Region durch Bergbauprojekte geschädigt wird, ist das nicht nur unmittelbar zerstörerisch, sondern es zerstört auch das empfindliche Gleichgewicht mit der spirituellen Welt. Die Einstimmung auf die Pracht der Berge ist viel mehr als ein ästhetisches Tonikum; sie ist die Bestätigung einer eingeborenen Philosophie, die den Menschen nicht über – wie es das Sowjetsystem so eindeutig praktizierte –, sondern in ein größeres spirituelles System stellt.

1993 beschrieb Alexandra, wie ihre Therapiesitzungen ablaufen: "Wir entscheiden, in welcher Sprache wir mit den Teilnehmern einer Gruppe arbeiten wollen. Manchmal ist es Sacha, manchmal Russisch. Ich singe ihnen Begriffe der Natur und Gebete (*algys*) vor. Ich liebe meine Patienten, meine Kranken. 'Beruhige dich', sage ich. Jeder Einzelne ist Teil der Natur. Ich verwende Gesänge der Vögel, beschreibe den Duft von Dingen mit Worten, lasse sie die Sonne spüren. All dies hat eine Wirkung. Sie schließen die Augen. Manche sehen angeblich eine grüne Kugel. Manche sagen 'Wir haben dich verloren'. Ich frage: 'Was seht ihr denn?' 'Wir spüren bloß die Wärme, die von dir ausstrahlt. Wir sehen eine grüne Kugel.' Als die Kranken das anfangs erzählten, wunderte ich mich. Sie sehen auch verschiedene Szenen aus ihrem Leben."

Hilfsgeister schamanischer Heiler zeigen sich in vielerlei Gestalt; und Konstantin und seine Tochter führen die Tradition fort, sich mit tierischen Hilfsgeistern in Verbindung zu setzen (in der Sacha-Sprache heißen die wohlwollenden Geister *Aiyy*). Von Konstantin hieß es, daß er manchmal während seiner Séancen in der Gestalt eines Bären erschien, und mindestens einer von Alexandras Helferinnen ist er in ihren Visionen als Bär erschienen. Patienten von Alexandra versicherten, sie hätten sie "von Vögeln, einem Zobel, einem Hermelin und einem Adler umgeben" gesehen. Viele Jahre verehrte Alexandra privat den Geist ihres Vaters, indem sie ihm am heimischen Herd und am Feuer im Freien opferte, aber sie erweckte seinen Geist nicht durch schamanische Trommelséancen mit Patienten. Stattdessen empfing sie regelmäßig Botschaften von ihm über besondere und instruktive Träume von Großmutter Shura.

Mitte der 90er Jahre begann Alexandra, Patienten außerhalb des Krankenhauses zu heilen, in einer kleinen Holzhütte für Séancen, die nach spiritueller Weisung für sie am Waldrand von Belaia Gora errichtet wurde. Die Atmosphäre dort ist buchstäblich und im übertragenen Sinn besonders "erdnah". Dort kann sie sich in den Überwurf ihres Vaters hüllen, durch ein Opferritual mit Tee und Feuer einen ehrfurchtsvollen Kontext schaffen und trommeln, ohne andere Patienten zu stören. Auf diese Weise hilft sie einigen wenigen Kranken, die sie für geeignet hält, die auf andere Heilverfahren nicht ansprechen oder die besonders gut auf diese traditionellere Heilweise reagieren. Ihre Entscheidung, einen Patienten in der Hütte zu behandeln, ist abhängig von dem gesundheitlichen Problem, der spirituellen Bereitschaft und auch vom kulturellen Hintergrund des jeweiligen Patienten.

Gegen Ende der 90er Jahre hatte Alexandra ihre bürokratische Tätigkeit als Leiterin des Krankenhauses aufgegeben und lebte von da an in Jakutsk und Belaia Gora. Sie beriet den Präsidenten der Republik in Fragen der Volksmedizin und bei einem neuen und kontroversen Gesetzesentwurf, der Standards für die Zulassung eingeborener Heiler festlegt. Außerdem schloß sie sich einem neuen Zentrum für Traditionelle Heilverfahren in Jakutsk an. 1999 diskutierten wir ein schwieriges Problem, nämlich die Notwendigkeit, wissenschaftliche und spirituelle Ausbildung miteinander zu verbinden, ohne das eine oder andere über Erkenntnis und Nutzen hinaus zu einem Einheitsbrei zu vermischen. "Wir brauchen viele Wissenschaften und einen objektiveren Zugang. Wir haben den Kern unseres Glaubens und unserer Tradition beinahe zerstört. Doch nun sind wir dahin zurückgekehrt, und die schamanischen Phänomene müssen glaubwürdig erklärt werden."

Ich griff die Fragestellung auf und bat sie um eine zeitgemäße Erklärung für den "traditionellen" Glauben der Sacha (Jakuten) an die Seele. "Wir haben eine Aura, die *salgyn kut* (meist als Luft- oder Atemseele gedeutet), *buor kut* (Lehm- oder Erdseele, von Mutter Erde) und *iie kut*, die wirkliche oder Hauptseele einer Person (meist als Mutterseele gedeutet) umfaßt." (Im Volksglauben wird die Mutterseele einem Menschen von *Aiyyhyt*, der Göttin der Fruchtbarkeit verliehen.) "Wenn Menschen wirklich krank sind, zutiefst und seelenbedrohend krank, sprechen wir von *kutta koppfui*, das heißt, daß *iie kut* beschädigt, verwundet ist. Dies ist der Fall, wenn Menschen niedergeschlagen, ohne Interesse am Leben sind und sich nicht um ihre Familie oder gar ihre Kinder kümmern. Dann können Menschen sich zerstören." Wir stimmten überein, daß eine solche Abstumpfung heute nur zu vielen widerfährt. Die Vielfalt der Versuche der Sacha, ihre Krankheiten wie auch die ihrer Gesellschaft zu heilen, hat nicht zu Solidarität, sondern zu sozialer und psychologischer Zersplitterung geführt. "Das Ringen der Sacha um Glauben und Erneuerung ist verständlich", fuhr Alexandra fort. "Aber jeder kämpft darum auf eine andere Art."

Ich erkundigte mich, was aus den überschwenglichen Hoffnungen auf bessere Gesundheit und größeres Wohlergehen geworden war, die man 1992 für die Republik gehegt hatte. "Ohne eine irgendwie geartete Spiritualität, eine Mischung aus psychologisch befriedigendem Glauben und Moral ist es schwer, auch nur den Versuch zu unternehmen, jemanden zu heilen. Und es genügt auch nicht, die einzelnen Teile einer Person zu heilen. Jeder Teil eines Menschen ist Teil eines Systems, und dieses wiederum ist in ein größeres System eingebunden. Wir Ärzte haben bruchstückhaft kuriert, ohne zu begreifen, was in der Seele eines Menschen vorgeht. Dies kann die eigentliche Ursache chronischer Krankheit sein, die schwer zu bekämpfen ist. Was wir daher brauchen, ist eine Änderung der Weltsicht des Patienten."

Prof. Marjorie Mandelstam Balzer Ph.D. ist Professorin in sozio-kulturel-ler Anthropologie an der Georgetown University, für Eurasische, russische und osteuropäische Studien (CERES). Sie ist Herausgeberin des M.E. Sharpe Journals (Anthropologie und Archeologie Eurasiens) und Autorin zahlrei-cher Bücher. Sie durfte 1976 als eine der ersten Amerikaner nach der 1917-Revolution nach Sibirien einreisen und unterstützt seitdem die kulturelle Wiederbelebung sibirischer schamanischer Traditionen.

Hohepa Kereopa

VON EINANDER LERNEN HEISST, ETWAS MITEINANDER TEILEN.

Von Christine Binder-Fritz

Hohepa Kereopa ist Stammesmitglied der *Tuhoe* in Neuseeland, die sich in ihrem relativ abgeschiedenen Siedlungsgebiet im zentralen Hinterland der Nordinsel große kulturelle Eigenständigkeit bewahrt haben. Hohepa gilt als einer der führenden Experten auf dem Gebiet der traditionellen Heilkunde und gehört zu den wenigen, die noch mit den Kulturtraditionen und der *Maori*-Sprache aufgewachsen sind. Den Überlieferungen seines Volkes folgend, steht auch für Hohepa Spiritualität im Zentrum des Lebens. Er ist Mitglied der *Ringatu*-Glaubensgemeinschaft, die sich um die Bewahrung des kulturellen Erbes bemüht.

Als besonderes Privileg wurde Hohepa bereits in seiner Kindheit von den Stammesältesten in die Heilpflanzenkunde und in die spirituellen Heilrituale eingeweiht. Als Träger des überlieferten und wohlgehüteten Wissens seiner Vorfahren genießt er heute hohes Ansehen und Wertschätzung im ganzen Land.

Erste Begegnung mit Hohepa

Es sind viele Jahre vergangen, seit ich das erste Mal von Hohepa Kereopa gehört habe. Bereits im Jahr 1989 erzählte mir Professor Wharehuia Milroy, der an der Waikato-Universität *Maori*-Kultur und -Sprache unterrichtet, von einem sehr angesehenen Heiler der *Tuhoe*, den ich unbedingt kennenlernen müßte. Im Rahmen meiner ersten großen Forschungsarbeit in Neuseeland lebte ich damals bei Angehörigen der *Te Arawa* im *Maori*-Dorf Ohinemutu. Maraea Shuker hatte mich, warmherzig wie sie war, ohne langes Zögern als neues Mitglied ihrer Großfamilie "adoptiert". Aufgrund verwandtschaftlicher Beziehungen zu Maraea, "übernahm" mich später auch Wharehuia's Familie.

Von Wharehuia, der wie Hohepa auch, mit den lebendigen Stammestraditionen der *Tuhoe* aufgewachsen war, wurde ich mit den Grundlagen der *Maori*-Gesellschaft und dem kulturellen Erbe seiner Vorfahren vertraut gemacht und in das Weltbild der *Maori* eingeführt. Dabei begegnete ich einer mir bis dahin völlig verschlossenen Welt: einer Welt voll Spiritualität, menschlicher Anteilnahme und gegenseitiger Fürsorge. Aber zuerst einmal wurde ich von Wharehuia "auf Herz und Nieren geprüft" und ich mußte Auskunft über meine Motivation, bei den *Maori* leben und lernen zu wollen, geben. Erst als man mich "als würdig" befunden hatte und Wharehuia sich meiner Loyalität und Verantwortung, mit den Erzählungen und dem Wissen auch verantwortungsbewußt umzugehen, gewiß war, wurde ich in die *Maori*-Gesellschaft eingeführt. Dann begann eine Zeit des Lernens.

Doch es sollten noch viele Jahre vergehen, bis ich Hohepa im April 1997 dann endlich gegenüber saß. Obwohl ich nach 1989 noch mehrere Male bei Feldforschungen mit *Maori*-Heilern gearbeitet hatte, war es doch nie möglich gewesen, mit Hohepa zusammenzutreffen. Nun hatte es geklappt, und wir saßen unter einem schattenspendenden Baum im Hof des Krankenhauses von Whakatane. Hohepa arbeitete gerade im sogenannten "*kai awhina*"-Programm, einem neuen Betreuungsservice zur kulturell adäquaten Betreuung und seelsorgerischen Begleitung von *Maori* - Patienten während ihres Krankenhausaufenthalts. Hohepa mußte sich häufig auch um soziale Belange der Patienten kümmern. Als "Kulturvermittler" ist es seine primäre Aufgabe, Mediziner und Pflegepersonal über kulturelle Werte und seelische Bedürfnisse seiner Landsleute zu informieren. Dies ist wichtig, um Mißverständnisse

zwischen indigener Bevölkerung und den *Pakeha*-Neuseeländern (Neuseeländer mit europäischen Wurzeln), die im Routinebetrieb eines Krankenhauses allzu leicht auftauchen können, zu vermeiden oder zu klären. Sein zweiter Arbeitsbereich ist die psychische bzw. seelsorgerische Betreuung der *Maori*-Patienten im

Hohepa Kereopa im Whakatane Hospital. Mit dem Ambulanzwagen (kai-awhina service)

Hohepa Kereopa vor dem Bild eines Ahnen

Rahmen seiner Tätigkeit als *Maori-Heiler*. Und darüber wollte ich nun mehr erfahren.

Hohepa wurde im Jahr 1946 in einem kleinen Dorf im Hinterland der *Tuhoe* geboren. Deren Stammesgebiet erstreckte sich damals über eine große Fläche im Zentrum der Nordinsel, und noch heute befindet sich hier eines der größten ursprünglichen Waldgebiete des Landes. Der Wald und der Busch sind für die *Tuhoe* nicht nur Rohstofflieferant für Bauholz, sondern haben neben anderen Aspekten noch immer die Bedeutung einer Apotheke, die eine Fülle an Heilpflanzen für die Indigenen bereithält. Hohepa besitzt als einer der wenigen Auserwählten aufgrund seines traditionellen Wissens und seiner Autorität Zugang zu den spirituellen Kräften und ethnomedizinischen Schätzen des Waldes.

Er selbst verdankt seinen eigenen feinsinnigen Zugang zu den spirituellen und physischen Dimensionen des Lebens seinen Lehrmeistern in seiner Kindheit: den Stammesältesten und den *Tohunga*, wie die Priesterheiler als heilkundliche und religiöse Experten genannt wurden.

Hohepas Weg zum Heiler

Hohepa hatte das Glück in eine *Tuhoe*-Welt hineingeboren zu werden, in der das überlieferte Wissen der Vorfahren noch lebendig war. Das Stammesgebiet der *Tuhoe* liegt in einem hügeligen waldreichen Gebiet abseits der Hauptverkehrsrouten. Aufgrund seiner relativen geografischen Abgeschiedenheit wurde diese Region von den modernen Errungenschaften des westlichen Lebens erst "verspätet heimgesucht", so daß sich manche Mitglieder der *Tuhoe* wertvolle Kenntnisse der Pflanzenheilkunde und auch den Zugang zu ihrer spirituellen Welt bewahren konnten.

Hohepa erzählt, daß sein Vater einer der besten Kenner der Pflanzenwelt im Busch war und auch seine Mutter als Heilkundige im Dorf anerkannt war. Als Kind wurde Hohepa von seinem Vater immer wieder morgens allein in den Wald geschickt, mit dem Auftrag, dort einen ganz bestimmten Baum zu finden, an dieser Stelle zu verweilen und dann ins Dorf zurückzukehren. Hohepa tat wie ihm geheißen und erfuhr erst viel später, daß sich während seiner Wanderungen die Ältesten im Dorf versammelten, um ihm ihre Gebete mit auf den Weg zu geben und ihn spirituell zu leiten, damit das Kind den "richtigen" Baum finden möge. Als mir Hohepa dies erzählt, ergänzt er, daß er "solche Dinge" nicht jedem erzählen könnte, denn die meisten Leute würden ihn wohl für verrückt halten.

Als Hohepa etwa acht Jahre alt war, wurde er, einem alten Stammesgesetz folgend, für einige Jahre zu anderen Familien gebracht, um sein Wissen über die heilkundlichen Traditionen zu erweitern. Er wußte damals noch nicht, daß es für ihn vorbestimmt war, später als Heiler zu wirken. Heute erst erkennt er den Wert dieser frühen Lehrjahre und betont, daß dies jene wichtige Zeit gewesen war, wo er von den Alten jenes Detailwissen erwarb, das er später zum Wohle seiner Stammesmitglieder

nutzen sollte: "Ja, es war aber erst im Alter von etwa achtundzwanzig Jahren, als ich von einem der Ältesten beiseite genommen wurde, der zu mir sagte: "Du bist einer der auserwählten Heiler..." Hohepa war über diese Neuigkeit zuerst sehr erstaunt und teilte dem Ältesten seine Zweifel mit, dieser unerwarteten Aufgabe möglicherweise nicht gerecht werden zu können. Doch mit den Jahren wuchs Hohepa immer mehr in diese verantwortungsvolle Aufgabe hinein.

Über das Land und seine Menschen

Die *Maori* leiten ihre mythologische Abstammung von der Erde und dem Himmel sowie den personifizierten Formen aller natürlichen Phänomene ab. Das Gefühl des "Eins-seins" von Mensch und Natur war und ist ein Wesensmerkmal dieser Gesellschaft.

In ihrer Schöpfungsmythe erzählen sie, daß am Anfang, als die große Dunkelheit herrschte, das Ureltern-Paar: *Papa-tua-nuku*, die Erdmutter, und *Rangi-nui*, der Himmelsvater, in enger, zärtlicher Umarmung lagen. Im engen dunklen Raum, der zwischen den beiden Liebenden noch blieb, lebten ihre Söhne, die Götter. Sie sehnten sich nach Luft, Licht und Raum. Eines Tages erhob sich einer der Söhne – es war der Gott *Tane* –, nahm seine ganze Kraft zusammen, stemmte seine Beine gegen die Erde und seine Hände gegen den Himmel und stieß den Vater von der Erde hinauf. So kam das Licht in die Dunkelheit, und es ward Tag und die Schöpfung begann. Vom Himmel tropften Tränen, denn *Rangi* weinte um seine Geliebte. Das Wasser sammelte sich in Pfützen und Strömen, es bildete Flüsse, Seen und Meere. *Tane* schuf nun all die Pflanzen, Tiere und Gesteine. Die Erde lag still und schön, vom Ozean umgeben, in einen Mantel aus lebendigem Grün eingehüllt.

Der Gott *Tane* wird noch heute als Schöpfergott, als Lebensspender und Gott des Waldes und der Fruchtbarkeit verehrt. Für die Angehörigen der *Tuhoe* ist der verantwortungsbewußte Umgang mit den natürlichen Ressourcen, der in der Mythologie und Religion begründet ist, noch heute ein großes Anliegen.

Der Geist der Ahnen ist noch lebendig

Auch heute noch nimmt Hohepa bei bestimmten Ereignissen Bezug auf die Urmutter Erde, den Himmel, auf Wind und Wasser oder auf Bäume. Eine Segnung mit Wasser und grünen Blättern spielt bei traditionellen Heilbehandlungen eine große Rolle. Vor allem bei den Stammesversammlungen auf dem Marae wird in ritueller Weise den natürlichen Elementen als personifizierten Gottheiten Ehrerbietung erwiesen. Wenn sich eine Trauergemeinde zu einem *tangi*, wie das dreitägige Begräbnis genannt wird, versammelt, um ein verstorbenes Familienmitglied auf dem letzten Weg zu begleiten, dann halten die Angehörigen ein Blätterbüschel in der Hand. Diese Blätter werden wellenförmig bewegt, um auch die Ahnengeister aus der spirituellen Welt einzuladen, an diesem gemeinsamen Abschied teilzuhaben. Die Trauergemeinde wird symbolisch daran erinnert, daß Leben und Tod miteinander verwoben sind und daß auch die Geister der Familienahnen unter ihnen weilen.

Die spirituelle Dimension des Heilens

Hohepa wuchs mit dem Weltbild und den religiösen Grundsätzen der *Ringatu*-Glaubensgemeinschaft auf. Ein ganzheitlicher und transzendentaler Zugang zum Heilen ist für ihn charakteristisch. Die Angehörigen der *Ringatu* stehen für die Bewahrung traditioneller Werte der *Maori*-Gesellschaft, wobei voreuropäische und christliche Glaubenselemente kombiniert werden. Dabei stehen jene Elemente aus dem Alten Testament im Mittelpunkt, die mit den überlieferten Vorstellungen einer belebten Natur und dem spirituellen Weltbild in Einklang zu bringen sind. Daraus haben sich auch neue Glaubensinhalte entwickelt. Als Mitglied der *Ringatu*-Kirche stehen für Hohepa rituelle Handlungen, in denen symbolisch auf die beseelten natürlichen Elemente Bezug genommen wird, oft im Mittelpunkt seiner Heilungs- oder Segnungszeremonien.

Die Vorstellungen der *Maori* über Gesundheit und Krankheit sind in ihr ganzheitliches Weltbild eingebettet. Aus ihrer Perspektive weist eine gesunde Person vier Qualitäten auf: *taha wairua*, die Seele bzw. die Spiritualität, *taha hinengaro*, Gedanken und Gefühle, *taha tinana*, der physische Körper, und *taha whanau*, die Familie. Alle vier Ebenen müssen im Einklang miteinander funktionieren, um Wohlbefinden für eine Person zu garantieren. Im Falle einer Krankheit wird eine Störung in diesem sensiblen Gleichgewichtssystem angenommen.

Heiler der *Tuhoe* und der *Ringatu*-Kirche verknüpfen häufig bestimmte symbolische Handlungen mit christlichen Glaubensvorstellungen. Die sogenannte "*Maori*-Bibel" – wie das Alte Testament in der *Maori*-Sprache genannt wird –, geweihtes oder "besprochenes Wasser" sowie andere Ritualobjekte, wie etwa frische kleine Zweige mit grünen Blättern, spielen dabei eine große Rolle. Den Worten kommt im rituellen Raum ebenfalls eine besondere Bedeutung zu: Mit eindringlicher Stimme wird eine übernatürliche Instanz herbeigerufen. Die Ahnen werden nun mit magischen Beschwörungsformeln angerufen. Wichtig ist auch der Bezug zur Kosmologie und Schöpfungsmythe.

Hohepa verwendet die religiösen Formeln in *Maori*-Sprache aus voreuropäischer Zeit, wie sie in der *Ringatu*-Kirche noch heute verwendet werden. Manchmal werden auch christliche Gebete in *Maori* gesprochen, um dem Heiler die Kraft und spirituelle "Essenz" für die Leitung des Heilrituals zu übermitteln. Der Heiler Hohepa versteht sich ja nur als "Mittler" zwischen den Welten: zwischen den geistigen Kräften einer überweltlichen Sphäre und dem Hilfe suchenden Menschen. "Heilung ist nur mit Hilfe einer übergeordneten Instanz und durch Wiederherstellung von harmonischen Beziehungen im sozialen und religiösen Umfeld möglich", sagt er.

Wenn Hohepa Heilpflanzen verabreicht, spricht er dabei ein *karakia*, die überlieferten rituellen Formeln, eine Art Gebet, und wieder wird eine höhere Instanz um Unterstützung des Heilungsprozesses angerufen. Der Heiler betont, daß nur solche Pflanzenextrakte wirksam sind, die unter Beachtung des überlieferten Protokolls hergestellt wurden.

Hohepa lernte schon als Kind, daß ein *Tohunga* bereits früh morgens aufbricht, um im Wald seine Pflanzen zu sammeln. Erst später verstand er, daß das Heilen bereits beim Sammeln der Pflanzen beginnt. Die innere Aufmerksamkeit ist in den frühen Morgenstunden weit größer, und er kann sich ungestört mit den spirituellen Kräften des Waldes verbinden, um die für das Problem des Kranken "richtige Pflanze" zu finden. Auch die weitere Aufbereitung und auch die spätere Anwendung des Heilmittels beim Patienten erfolgt unter Einbeziehung der spirituellen Ebene. Hohepa fokussiert hierbei seine gesamte innere Aufmerksamkeit auf die jeweilige Handlung und spricht die überlieferten heiligen Worte, die *karakia*.

Hohepa im Wald mit Farnen

Der Schamane in der Klinik: Maori-Medizin im Krankenhaus

Maori haben von den neuseeländischen Gesundheitsbehörden jahrelang eine medizinische Betreuung verlangt, die auch ihrem Weltbild und ihren kulturellen Werten gerecht wird. Seit 1997 hat Hohepa nun die Möglichkeit, nicht nur bei sich zu Hause Patienten zu empfangen, sondern auch im Rahmen von Basisgesundheitsdiensten als Heiler zu arbeiten.

Traditionelle Therapien, *Rongoa Maori* genannt, werden gegenwärtig im Rahmen der primären Gesundheitsversorgung angeboten. Spirituelle Heilrituale werden heute insbesondere bei der Behandlung von sozial, psychisch oder spirituell verursachten Krankheiten (*mate Maori* und *maakutu*), die nur im kulturspezifischen Kontext zu verstehen sind, angewendet.

Im Gespräch erlebte ich Hohepa als einen Menschen, der offen und aufgeschlossen auf jeden zugeht, sich aber dennoch als stiller Zuhörer auszeichnet. Für seinen speziellen und trockenen Humor ist Hohepa überall im Land bekannt. Im Gegensatz zu manch anderem Heiler, dem ich in Neuseeland begegnet war, prahlt Hohepa nicht mit seinem Wissen, sondern übt bescheidene Zurückhaltung. Menschenliebe, humanistisches Denken, große Hilfsbereitschaft und stets ein offenes Ohr für die kleinen und großen Sorgen seiner Mitmenschen kennzeichnen seine Persönlichkeit. Er ist nach wie vor mit unerschütterlichem Einsatz für das Wohlergehen der Menschen unterwegs.

Hohepa versteht es, jene Gefühle und Gedanken anzusprechen, die vorerst noch im Unbewußten seiner Zuhörer zu schlummern scheinen. Das, was sich zuerst nur vage am eigenen Erkenntnishorizont abzeichnet, gewinnt in seiner Gegenwart langsam Gestalt. So, als schiene manches nur mehr darauf zu warten, um nun durch einen leisen Anstoß von ihm zum Leben erweckt zu werden. Hohepa ist nicht der Mensch der seinen Schülern und Schülerinnen seine Weisheit förmlich aufdrängt, sondern vielmehr seinen unerschütterlichen Glauben und seine tiefe Liebe zu den Menschen vermitteln kann. Dadurch macht sich bei seinen Zuhörern so manche philosophische Erkenntnis über unseren Platz im Universum und das Eingebundensein in ein höheres universales Gesetz breit.

"Das Gefühl tiefer Verbundenheit zwischen uns *Maori*, das nennen wir *mate mate a one*. Wir haben also *mate mate a one* zu unserer Mutter Erde, denn wir stammen doch alle von ihr ab, wie Du von der Schöpfungsgeschichte weißt. Alle Menschen dieser Erde sind doch aufgrund dieser gemeinsamen Abstammung miteinander verbunden. Das ist ein Gefühl, das sehr tief geht. Eine Bindung, die weit über die Grenzen hinausgeht. Und wenn Du ewas von Deinem Wissen anbietest, dann gibst Du es mit Deinem ganzen Herzen. Du gibst es von ganzem Herzen – nicht um etwas zu bekommen, sondern um etwas zu teilen. Denn voneinander lernen heißt gleichzeitig auch etwas miteinander teilen." (Hohepa Kereopa 1997, in Whakatane, Neuseeland)

Dr. Christine Binder-Fritz, *Medizinanthropologin, Forschungsassistentin an der Abteilung Ethnomedizin des Instituts der Geschichte der Medizin, Universität Wien. Seit 1989 Forschungsaufenthalte in Aoteaora, Neuseeland. Forschungsschwerpunkt: Integration von Heilritualen und Pflanzenheilkunde der Maori-Medizin in die öffentlichen Gesundheitsdienste Neuseelands.*

Peter Costello

EIN LEBEN IN
DER TRAUMZEIT

Von Wayne Armytage

Geboren wurde Peter Costello im Busch der entlegenen Wildnis der Cape York-Halb-insel im äußersten Norden des australischen Queenslands, in den Stammländern des *KuKuTaipan*-Clans aus dem Volk der Aborigines. Bis zu seinem sechsten Lebens-jahr durchstreifte er frei und ungehindert den Busch und die Seen- und Flüsseland-schaft seines weiten Heimatlandes. Zur *KuKuTaipan*-Tradition gehören das Feuer-machen und die Herstellung von rituellen Waffen und Speeren sowie der sogenann-ten "Message Sticks" – Stöcke, die zur Verbreitung von Nachrichten benutzt werden. Wie die anderen Clans der australischen Aborigines praktizierten sie Buschmedizin, Buschernährung und die überlieferte Art und Weise ihres Daseins und gaben ihre Kenntnisse von Generation zu Generation weiter.

Es wird geschätzt, daß die Aborigines ca. 87 % ihrer Zeit damit verbrachten, sich auf Zeremonien vorzubereiten oder sie zu praktizieren.

Dieser idyllischen Lebensart wurde jedoch ein jähes Ende bereitet, als die ins Land eindringenden Kolonialmächte Peter Costello und seine Familie entführten und sie gewaltsam zu einer 600 km weiter südlich gelegenen Missionsstation verschleppten. Peter und seine Familie wurden in Ketten gelegt und gezwungen, den weiten Weg zur Missionsstation unter der Aufsicht von bewaffneten Truppen zurückzulegen. An einer Straßenkreuzung wurde Peter von seiner Mutter getrennt und später auch von seinen Brüdern und Schwestern. Seine Mutter hat er seitdem nie wieder gesehen. Erst dreißig Jahre später traf er seine beiden älteren Brüder wieder. Während jener langen Jahre, die Peter in verschiedenen Missionsstationen überall auf Cape York verbrachte, befand er sich ständig in der Gesellschaft der Ältesten aus den verschiedenen Clans. Dies war besonders gefährlich, da den Aborigines, die beim Sprechen ihrer Muttersprache ertappt wurden, strenge Strafen zugemessen wurden.

Diese Strafen reichten vom Auspeitschen bis zur Zwangsarbeit auf den Koralleninseln des Großen Barrier Riffs, wo sie nach Muscheln tauchen mußten. Das konnte manchmal einige Jahre dauern, denn Aborigines wurden als Volk nicht anerkannt und hatten unter britischer Herrschaft überhaupt keine Rechte. Tatsächlich erhielt das Volk der Aborigines erst nach einer langen Serie von Protesten und politischen Aktionen, die 1968 in einem Volksentscheid gipfelten, das Recht zu wählen.

Der Schmerz, als sechsjähriges Kind so brutal von seiner Mutter und seiner Familie getrennt zu werden, ist ein Schmerz, der sich für Peter bis zum heutigen Tage nicht verringert hat. Nun, im Alter jedoch, kann Peter diesen Schmerz mit Würde und Nachsicht tragen. Er sagt immer: "Liebe ist die einzige Antwort, denn, was sollte mehr Macht haben? Sicherlich gibt es keinen anderen Weg als den Weg der Liebe."

"Wir müssen Eins sein, es gibt keinen anderen Weg. Wir müssen einander lieben, egal, ob schwarz oder weiß, unseren Kindern zuliebe und für unsere Mutter, diese Erde."

Und dies sagt ein Mann, der, nachdem er an den Anstrengungen des Zweiten Weltkrieges teilnahm, gefangengenommen und ins Gefängnis geworfen wurde, weil er ohne Erlaubnis eine Grenze zwischen den Staaten seines eigenen Landes überschritten hatte. Damals war es illegal für Aborigines, Staatsgrenzen ohne Erlaubnis zu überschreiten. Außerdem war es für viele Aborigines ungesetzmäßig, die Farmen, auf denen sie arbeiteten, ohne Erlaubnis zu verlassen. Im heutigen Australien gibt es immer noch einen Rechtsfall, der mit der australischen Regierung ausgefochten wird, in dem es darum geht, die Ältesten der Aborigines zu bezahlen, denen während jener Jahrzehnte der Zwangsarbeit auf betrügerische Art und Weise der Lohn verweigert wurde, der ihnen rechtmäßig zustand.

Bis zu diesem Punkt ist Peter's Geschichte eine von vielen aus dem Volk der Aborigines, wie es auch sicherlich die Geschichte vieler Ureinwohner in aller Welt ist. Er kommt mit der Hoffnung zu dieser Konferenz, daß wir als globale Medizinleute einen Beitrag zum laufenden Prozeß der Heilung und einer Vereinigung in Liebe und Vertrauen leisten können.

Gemäß den Bräuchen der Stammesältesten wurde Peter der Totem *Yeum*, der "Weiße Kakadu" zugeordnet. Die Rolle einer Person mit diesem Totem ist die eines Botschafters und Message Stick-Herstellers, und damit ist Peter ein hoch anerkannter Staatsmann im Australien der Aborigines. Er war Mitgründer des Cape York-Länderrates und der Cape York-Heimatbewegung und agierte als Unterhändler mit der australischen Bundesregierung bezüglich des "Native Title"*.

Er hat sich mit religiösen Führern der Welt getroffen, zuweilen auch mit dem südafrikanischen Erzbischof Desmond Tutu, den er auf einem Abschnitt dessen Australienreise begleitete. Peter sprach außerdem in Den Haag, wo er eine Auszeichnung für Menschenrechte im Namen seines Neffen, Noel Pearson, annahm. Er wurde darüber hinaus als Würdenträger zur Amtseinsetzung von Nelson Mandela in Südafrika eingeladen.

Heute bereist Peter wie immer sein Vaterland und trägt die Botschaft der universellen Liebe und Versöhnung sowie der Gleichheit der Menschenrechte, der Achtung vor der Umwelt und der Verantwortung für vergangene und künftige Generationen. Von vielen Australiern, einheimischen wie nicht einheimischen, wird Peter als "lebender nationaler Schatz" betrachtet. Er trägt in sich die Weisheit einer Kultur und Religion, die in Australien seit mindestens 137 000 Jahren ungebrochen besteht.

Es ist wichtig, daß die Menschen über die Geschichte der Ureinwohner Australiens informiert werden. Die Gesellschaft der Aborigines war spirituell so integriert, daß es schwierig und irreführend ist, sie mittels Arbeit, Erziehung, Sozialleben, Wohnverhältnisse, Freizeit, Kunst und Religion einzuordnen. Es ist unmöglich, die Religion der Aborigines von jeglichem Aspekt des Stammeslebens zu trennen.

Das Land ist die Religion und die Kirche, Naturdenkmäler sind die Monumente, und die heiligsten religiösen Stätten und Objekte der Aborigines sind geheim.

Die Traumzeit ist die ferne Vergangenheit der Geistahnen. Sie lebt in den Legenden der Aborigines, die seit mindestens 40 000 Jahren von einer Generation zur nächsten mündlich überliefert werden. In Liedern, in Geschichten und Gedichten, in der Kunst, im Schauspiel und im Tanz erzählt die Traumzeit, wie die Geistahnen das Land zum Leben erweckten und die Gesetze ebenso wie die Gesellschaftsstrukturen, die Rituale zum Bewahren des Landes und die Regeln für menschliches Verhalten festlegten. Die Traumzeit erklärt den Ursprung des Universums. Sie beschreibt, wie die Natur beschaffen ist, erklärt das Wesen der Menschlichkeit und den Lebenszyklus zwischen Leben und Tod. Mit einer Reihe von Verpflichtungen an die Menschen, das Land und den Geist formt und strukturiert die Traumzeit das Leben der Aborigines und reguliert Verwandtschaftsverhältnisse, das Familienleben und die Beziehungen zwischen den Geschlechtern.

Die Geistahnen der Traumzeit hatten übernatürliche Kräfte und konnten sich nach Belieben in einen Menschen, ein Tier oder eine andere Form verwandeln. Nach ihrem Schöpfungswerk kehrten sie ins Land oder ins Meer zurück, oder sie erhoben sich in den Himmel. Die Sonne, der Mond und die Sterne sind alles Traumzeitgestalten. Traumpfade durch das Land folgen den Spuren der schöpferischen Reisen der Geistahnen, deren Macht sich in Traumplätzen oder heiligen Stätten konzentriert. Einen Ort zu träumen entspricht seinem physikalischen Wesen in Verbindung mit dem dazugehörigen Tier, Vogel, Fisch oder mit der Pflanze. Es bedeutet außerdem die Bewahrung der schöpferischen Macht der Geistahnen und allen damit assoziierten Traumzeitgeschichten, seien sie heilig (geheim) oder für die Öffentlichkeit gedacht. Mit dem Träumen kehrt ein Aborigine an den Ort zurück, an dem sein Geist seinen Ursprung hat. Die Traumzeit ist ununterbrochen und gegenwärtig – ein Lebenszyklus ohne Anfang und Ende, eine parallele Realität, die alles enthält. Sie ist etwas Mystisches und jenseits aller Worte – ein Gefühl der Harmonie des Universums mit dem Rhythmus der Natur. Träumen ist das Leben des Geistes und der Vorstellungskraft, die sich in Kunst, Gedichten, Musik, Schauspiel und Tanz ausdrückt.

Vor allem ist die Traumzeit die religiöse Erfahrung und das spirituelle Band, welches das Volk der Aborigines mit dem Land, dem sie gehören, verbindet.

Die Traumzeit ist der Geist des Landes. Fast überall im heutigen Australien wurde die Traumzeit mit ihrer Lebensart und ihrer Philosphie der Harmonie aller Dinge durch die Invasion der Weißen zerstört.

Traumpfade oder "Song Lines" haben mit dem Land und seiner Entstehung zu tun. Diese Traumpfade wurden in uralter Zeit festgelegt und das Wissen darüber an die nachfolgenden Generationen weitergegeben. Sie sind unsichtbar, aber alle Aborigines wissen um ihre Existenz. Sie wissen auch, daß zu der Zeit, als ihre Ahnen durch das Land reisten, diese gedachten Wege auf rituelle Weise festgelegt wurden und damit das gesamte soziale und spirituelle Dasein ihrer Vorfahren leiteten.

Die Traumpfade durchziehen als unsichtbare Linien den gesamten australischen Kontinent. Es sind uralte Spuren, und jeder Abschnitt erzählt von der Schöpfungsgeschichte des Landes. Es ist die religiöse Pflicht der Aborigines, das Land rituell zu bereisen und dabei den Traumpfaden der Ahnen zu folgen, indem sie ihre alten Lieder singen.

Mit dem Wissen um die Traumpfade findet man Nahrung, man kennt damit die Grenzen eines anderen Stammes und weiß um die Gesetze, die in bestimmten Gebieten gelten. Traumpfade sind so kompliziert und so voller Feinheiten, daß niemand außer den Menschen, die eng mit dem jeweiligen Abschnitt des Traumpfades und dessen Erben verbunden sind, ihre volle Bedeutung kennen wird.

Nach heutigem Verständnis gab es nie eine Aborigines-Religion. Das Volk der Aborigines schließt diese bestimmte Facette ihres Lebens nicht als etwas Mystisches oder Subjektives aus. Die spirituelle Komponente des Lebens der Aborigines ist reich an Zeremonien. Alle Übergänge zwischen den Lebensstadien, wie Kindheit und Erwachsensein, Leben und Tod, werden durch Zeremonien gekennzeichnet, die auch die Geschichte und die Fruchtbarkeit des Landes bewahren.

Die gegenseitige Abhängigkeit zwischen den Menschen und der Natur wird weiterhin durch die Tatsache verstärkt, daß jeder Mensch einen Totem hat, wie z. B. den "Weißen Kakadu", den "Meeresfalken", den "Hai" oder den "Stachelrochen". Da Totems ein Teil ihrer Identität sind, müssen die Aborigines sich um diese Arten besonders kümmern, die ein Teil von ihnen sind. Diese Philosophie verbindet die Vergangenheit und die Gegenwart, das Land mit all seinen Bestandteilen und die Menschen miteinander.

Durch ihre Totems stehen alle Aborigines in enger Beziehung zu ihrem Land. Land ist für sie nicht nur Erdreich, Steine und Mineralien, sondern es umfaßt die gesamte Umwelt. Diese Umwelt besteht aus Erde, Wasser und Luft und all dem Leben, das durch sie existiert, einschließlich der Menschen, der Elemente, der Sonne, des Mondes und der Sterne, die alle in Beziehung untereinander stehen und durch die Traumzeit miteinander verbunden sind. Dies ist die Einheit oder Einigkeit, die den Kern der Aborigine-Erfahrung ausmacht.

In vielem ist die Gesellschaft der Aborigines das absolute Gegenteil der heutigen europäischen Gesellschaft. Sie sind eher Nomaden als Siedler und eher Selbstversorger, als daß sie von anderen abhängig sind, was Nahrung und Rohstoffe betrifft. Am schlimmsten war für das Volk der Aborigines der Verlust des Landes nach der Invasion. Mit der Zeit zogen sich die Aborigines zurück oder wurden aus den gesamten Territorien zu den ungastlichen Vorgebirgen getrieben, die die Grenzen bildeten. Das alles umarmende Netz des Lebens, welches Land, Menschen und alle Dinge zusammengehalten hatte, war damit zerstört. Die Zeremonien zur Aufrechterhaltung ihrer Traditionen konnten nicht eingehalten werden, und Männer und Frauen konnten weder ihre eigenen Geburtsorte besuchen noch ihre Pflichten gegenüber den Geistahnen erfüllen. Die Camps der Verbannten wurden von neuen Krankheiten heimgesucht, blasse fremdartige Babys wurden geboren und der Tod kam nun so häufig, daß angemessene Bestattungen unmöglich wurden, womit den Rechten der Toten Ungerechtigkeit widerfahren mußte.

Vor der Kolonialisierung war der Gesundheitszustand der Aborigines gut. Viele überlieferte Zeugnisse bezüglich der Gesundheit werden heute noch aufrechterhalten. Im allgemeinen gibt es drei Krankheitsgründe: eine natürliche, körperliche Ursache wie z. B. Verletzung, Infektion oder gebrochene Knochen. Des weiteren können Krankheiten durch Verletzung von Geistwesen verursacht werden, denn Geister können erzürnt werden, wenn jemand Stammesgesetzen nicht gehorcht, indem er beispielsweise in ein verbotenes Gebiet eindringt, heilige Objekte ansieht oder Nahrung zu sich nimmt, die mit einem Tabu belegt, also verboten war. Es gibt darüber hinaus Verletzungen oder sogar den Tod, die durch Zauberei verursacht werden, weil jemand wegen böser Absichten oder Missetaten "besungen" worden ist.
Seit der Kolonialisierung hat sich die Ernährung der Aborigines dramatisch verändert, nicht zuletzt durch die Einführung von Weißmehl, Tee, Zucker, Tabak und Alkohol in ihren Speiseplan. Die Lebenserwartung der Aborigines beträgt 20 Jahre weniger als für Nicht-Ureinwohner. Die Sterblichkeitsziffer von Kindern und Erwachsenen ist viermal höher als für die übrige australische Bevölkerung. Die Sterblichkeitsrate bei den Kleinkindern der Ureinwohner ist dreimal höher als bei den Australiern, die nicht Ureinwohner sind. Der Anteil der chronisch Unterernährten ist außerdem zehnmal höher als der nationale Durchschnitt.

Trotz alledem hat es Peter Costello geschafft, mehr als 80 Jahre zu überleben. Er und sein Sohn Wayne Armytage arbeiten seit vielen Jahren für die Versöhnung. Wayne arbeitet seit Jahren lokal, national und international in den Bereichen des systemischen Mißbrauchs, der grenzüberschreitenden kulturellen Kommunikation und der Konfliktlösung sowie in der Beratung. Er hat im Jugendrecht als Anwalt in Gefängnissen bei "Tod in Haft"-Fällen gearbeitet und er ist derzeit bei der AIDS-Hilfe in NSW als Koordinator für Geschäftsangelegenheiten männlicher Aborigines angestellt. 1994 produzierte er eine Radiodokumentation für die australische Bundesregierung mit dem Titel "Gleichgültigkeit als Zeichen der Intoleranz" zum Thema "Gewalt ist auch, einfach nicht hinzusehen" zum Internationalen Jahr der Toleranz. Letztes Jahr war er Produktionsleiter des Dokumentarfilms "Schrei des Herzens" über die Geschichte und die Hinterlassenschaft der bestohlenen Generationen des Volkes der Aborigines.

Native Title

Der sogenannte "Native Title" beschreibt die Rechte und Interessen von Aborigines und den Menschen der Torres Strait-Inseln zu Land und zu Wasser entsprechend ihren traditionellen Gesetzen und Bräuchen.

Der "Native Title" wird nicht wie übliche Eigentums- oder Pachtrechte von der Regierung gewährt. Der "Native Title" kann an Orten existieren, wo Ureinwohner ihre traditionellen Gesetze befolgen, ihre Bräuche leben sowie eine enge Verbindung mit ihrem Land bewahrt haben. Traditionelle Gesetze und Bräuche sind überall in Australien verschieden. Die Rechte einer "Native Title"-Gruppe kann sich von denen anderer Gruppen unterscheiden. Das Recht eines "Native Title" kann den Besitz, die Nutzung und das Bewohnen des traditionellen Landes bedeuten.

In manchen Gegenden kann der "Native Title" das Recht zum Zugang zu diesem Gebiet sein. Es kann auch das Recht sein, an Entscheidungen mitzuwirken, wie andere ihr traditionell angestammtes Land und die Gewässer nutzen. Der "Native Title" kann auch abgewandelt werden, wenn Rechte anderer Menschen im selben Gebiet gelten. Zum Beispiel kann der "Native Title" neben den Rechten anderer Menschen, die Pachtverträge, Lizenzen oder öffentliche Zugangserlaubnis haben, bestehen. Dies nennt man oft "Koexistenz".

George Elkshoulder

EIN MEDIZIN-
MANN DER
CHEYENNE

Von Wolf Dieter Storl

Die Vision von den "kleinen Leuten, die im See verschwunden sind'" Ich betrachte die Cheyennes, nachdem ich eine große Zahl von Indianerstämmen kennengelernt habe, als die edelsten Angehörigen dieser Rasse, denen ich je begegnet bin.
- Colonel Ronald S. Mackenzie

George Elkshoulder – zu deutsch "Hirschschulter"– ist ein, weit über das Reservat hinaus bekannter Medizinmann der Cheyenne oder Tsistsistas, wie sie sich selbst bezeichnen. Elkshoulder, den sein Volk respektvoll den "alten Mann" nennt, kennt die überlieferten Stammeszeremonien wie kein andere. Zudem ist er als einer der machtvollsten Heiler bekannt. Es kommen sogar die Absarokee, die Krähenindianer, zu ihm, wenn ihnen die eigenen Medizinmänner nicht weiter helfen können. Eigentlich meiden die Cheyenne und Absarokee einander, obwohl ihre, im südlichen Montana gelegenen Reservate nicht weit von einander entfernt sind. In den Indianerkriegen dienten die Krähen damals im Juni 1876 der U. S. Kavallerie als Scouts (Pfadfinder) und kämpften an General Custers Seite in der Schlacht am Little Big Horn-Fluß. Dafür wurden der Stamm der Krähenindianer mit einem weitläufigen Reservat, mit guten Weidegründen und fruchtbarem Ackerland belohnt.
Das Reservat der Cheyenne ist dagegen sehr eng und besteht vorwiegend aus Karstland. Äußerst schlechte Voraussetzungen fürs Überleben! Nach der Niederlage der Cheyenne und ihrer Verbündeten, der Sioux, kamen bald die Missionare und Sekten-

prediger von allen erdenklichen Glaubens- und Weltanschauungsrichtungen. Der Sonnentanz und alle anderen indianischen Zeremonien wurden verboten. Die Kinder wurden dem Stamm weggenommen, um sie in sogenannten "boarding schools" zu erziehen und zu zivilisieren. Unter Prügelstrafe war es den Kindern verboten, auch nur ein Wort Cheyenne zu sprechen. Am Rande des Reservats errichteten die Schnapshändler ihre Verkaufsbuden. Seuchen dezimierten weiterhin die Überlebenden. Es waren und sind immer noch starke Persönlichkeiten wie Georg Elkshoulder, die das kleine Volk zusammenhielten und ihren Lebensmut aufrechterhielten.

Als Stammesältester ist Elkshoulder durch den Andrang von Menschen, die Heilung suchen, so beansprucht, daß er keine Zeit für sich selbst hat. Auch für die Zeremonien, die durchgeführt werden müssen, damit das Weltall weiter bestehen kann, fühlt er sich berufen und verantwortlich. Der alte Indianer geht neugierigen Weißen, seien es Touristen oder Anthropologen, aus dem Weg. Auch die Fremdsprache Englisch spricht er nicht gerne. Er gehört zu den Traditionalisten des Stammes, die den "alten Weg" der Ahnen gehen. Um Visionen zu erlangen, fastet er in der Wildnis, bis ihm seine Lehrmeister in Tiergestalt erscheinen. Als er jung war, "opferte" er sich, indem er beim Sonnentanz – am Sonnenpfahl mit Haken befestigt – tagelang tanzte, bis seine Seele abhob und *Maheo* und die anderen Geistwesen ihm Visionen bescherten. Als Traditionalist hält er nicht viel von alkoholischen Delirien oder auch von dem viel sanfteren Peyote-Kult, der in den zwanziger Jahren vom Süden her kam. "Diese Visionen gehen mit Sinnesverwirrung einher. Der Jäger und Krieger braucht scharfe Sinne."

Mit den Cheyenne hatte ich schon Mitte der 60er Jahre als Ethnologiestudent Kontakt. Es war mein erster Versuch einer Feldforschung, und es war eine Zeit wilder Abenteuer. Eine Häuptlingstochter wollte mit mir durchbrennen, und nach den ganznächtlichen "Powwows" war ich der Einzige, der noch ein Auto kutschieren konnte, aber feldforschungsmäßig kam nicht viel dabei heraus. Zwanzig Jahre später lernte ich Bill Tallbull kennen, einen der spirituellen Führer der Northern Cheyenne. Ich hielt damals einen Kurs in Medical Anthropology an dem Sheridan College in Wyoming, in dem ich mich vor allem auf die verschiedenen Heilkräutertraditionen konzentrierte. Da eine der Studentinnen eine adoptierte Cheyenne war, erfuhr der Ältestenrat von den Vorlesungen und schickte mir den "Außenminister" des Stammes, den alten Medizinmann Bill Tallbull. Unter anderem wollten sie genauer wissen, wie die von den weißen Siedlern „eingeschleppten" Kräuter, die nun an den Straßenrändern, in den Gärten und in den bewässerten Feldern wuchsen, in der europäischen Volksheilkunde verwendet werden. Maria Treben sei Dank, daß ich ihm seine Fragen auch beantworten konnte. Wir wurden gute Freunde und, wenn Wetter und Zeit es erlaubten, zogen wir mit den Hunden los in die Wälder der Big Horn Mountains, in die baumlose Steppe oder an das Ufer des heiligen Sees Lake de Smet. Tallbull erzählte, daß sich seine Familie geweigert hatte, sich ins Reservat pferchen zu lassen, sondern sich noch über die Jahrhundertwende hinaus, bis kurz nach 1900, in den Big Horns versteckt gehalten hatte. Aber der ständige Druck und die Verfolgung der Sheriffs und "bounty hunters" (Prämienjäger) zwangen sie schließlich zur Aufgabe. Bei unseren Wanderungen verbrannte er am heiligen See Tabak für die *Mayun*, die unsichtbaren "Hüter des Landes", und hing Decken an die Stacheldrahtzäune, die die weißen Rancher dort gezogen hatten, damit die Geistwesen es im Winter warm haben. Die Decken bestanden aus kleinen Stofffetzen – rote für die warmblütigen Tiere, grüne für das Pflanzenvolk, schwarze für die Nachtgeister, weiße für die Taggeister, gelbe für die Sonnenwesen, blaue für die Wasser- und Luftgeister. Er zeigte mir die Medizinpflanzen der Cheyenne, erzählte, wie man böse Gespenster mit dem Rauch von Wachholder (*Juniperus sibirica*) vertreiben kann, welche Mischung in die Medizinpfeife kommt (Tabak, Bärentraubenblätter, rote Sumachblätter und die Innenrinde des roten Hartriegels), welche Kraft im *Hé tan' i wánòts*, im Männerbeifuß (*man sage, Artemisia ludoviciana*) steckt, wie man die Monardenminze (*Monarda fistulosa*) als schweißtreibendes Mittel in der Schwitzhütte verwendet, wie man die Stengel der wildwachsenden Süßwurzel (*Glycyrrhiza lepidita*) kauen kann, wenn die Hitze des Schwitzbades einen zu überwältigen droht, warum die Hunde unter den anderen Tieren als Verrückte gelten, und vieles mehr.

Es war kein oberflächliches Interesse, das den Medizinmann Tallbull zu mir gebracht hatte. Er nahm alle meine Angaben sorgfältig auf und probierte sie auch in seinem Reservat aus – etwa, daß die Löwenzahnwurzel ein gutes Lebermittel, der Wegerich blutstillend, das Johanniskraut ein ausgezeichnetes Nerventonikum ist, usw. Er probierte auch persönlich den Tee von Weißdornblüten und -blättern aus – als Herzmittel, wie wir es eben auch kennen. Einheimische Weißdornarten (*Crataegus douglasi*) gibt es auch in Montana. Die Indianerfrauen sammeln, trocknen und pulverisieren die mehligen roten Beeren und kneten sie dann zusammen mit anderen Beeren in Fett, um daraus *Pemmikan*, die Kraftspeise für den Winter, herzustellen. Als Herzmittel war der Strauch ebenso unbekannt, wie Herzerkrankungen bei den Indianern vor dem Kontakt mit der "Zivilisation" unbekannt gewesen waren. Als sich nach einigen Monaten zeigte, daß diese Medizin aus der "Bärenpflanze mit herzförmigen Beeren" (*náh' kó tasi' mins*) tatsächlich ein wirksames Herzmittel ist, war er sehr froh. "Das nächste Mal nehmen wir den 'alten Mann' mit, wenn wir auf Exkursion gehen," sagte er. Elkshoulder sollte mein Kräuterwissen begutachten.

Und so war es auch. Das Mal darauf brachte er Georg Elkshoulder mit, einen Indianer, wie man ihn sich einst in der romantischen Literatur vorgestellt hatte: groß, kräftig, eine auffallend aufrechte Haltung, ein klarer Blick in den Augen. Der "Alte" war gar nicht viel älter als Tallbull. Zuerst setzten wir uns zu einer gemeinsamen Mahlzeit hin: Elch-Steak aus der Gefriertruhe, und zwar großzügige Portionen, denn die Indianer als Erben paleolithischer Großwildjäger sehen einen saftigen Braten als Freundschaftsgeste an. Dazu gab es Salat aus meinem Biogarten. "Wir haben so viel Salat. Da geben wir Euch eine Kiste mit, der schießt sonst nur", ließen wir die Indianer wissen. Elkshoulder sagte nichts. Außer einem "Hallo" hatte er noch gar nichts gesagt. Es war Tallbulls Aufgabe zu sprechen.

Den ganzen Tag zogen wir dann durch die mit Sagebrush bewachsenen Wiesen, durch Ponderosa-Kiefernwälder und durch Cottonwood-Pappelhaine entlang der Bachtäler. Wir hielten oft und schauten uns diese und jene Pflanze an. Die ganze Zeit redete Elkshoulder kein einziges Wort. Das war aber für mich kein Problem, denn ich wußte, daß für die Indianer das Reden "Kraftabgabe" bedeutet, und ist – ebenso wie unnötiger Samenerguß – zu vermeiden, wenn es nicht unbedingt angebracht oder notwendig ist. Ich, jedoch, redete viel an diesem Tag. Cowboys, die mit ihren Pick-Up-Trucks vorbeifuhren, warfen uns unfreundliche Blicke zu, als wollten sie sagen: "Was machen diese goddamn Injuns und der langhaarige Weiße da überhaupt?" Bis zum Abend hatte Elkshoulder immer noch kein Wort gesprochen. Vor dem Wegfahren legte Tallbull noch die gesammelten Kräuter genau in der Reihenfolge, in der er sie gesammelt hatte, hinten auf die Pritsche seines Pick-Up-Trucks. Sie hätten nämlich soviel Power, daß man nicht wagen sollte, sie mit in die Führerkabine zu nehmen. Auch ins Haus dürfe man diese Medizinpflanzen nicht nehmen; man hatte einen besonderen Kräuterschuppen für sie. Und dann, während wir uns voneinander verabschiedeten, sprach Elkshoulder plötzlich: "Where dem lettuce?" Ach ja, wir hatten tatsächlich die versprochene Kiste Salat vergessen. Nachdem wir Versäumtes nachgeholt hatten, blickte er mich an und sprach mit deutlichen, ruhigen Worten: "Die kleinen Leute, mit ihren Ponnies und Hunden, mit Sack und Pack, sind in den See gezogen!"

Mehr sagte er nicht. Ich starrte ihn unverwandt an. Was wollte er da sagen? "Entschuldige, ich verstehe nicht, könntest Du das erklären?" fragte ich vorsichtig.

Er richtete sich noch gerader auf, und aus seiner Stimme klang die ganze Würde eines Stammesältesten und Medizinmannes:

"Es wurde gesehen!" sagte er, ehe er sich abwandte und in den Wagen stieg. Und dann verstand ich. Es war sein Dank an mich. Es war ein wunderbares Geschenk, welches seitdem einen nicht wegzudenkenden Einfluß auf mein Leben ausübt und meine Arbeit mitprägt. Nicht eine Decke oder eine mit gefärbten Stachelschweinquillen verzierte Gürtelschnalle hatte er mir geschenkt, sondern eine Vision. Er hatte sie hingezaubert, etwa so, wie der indische Guru seinem Schüler ein Darshana überträgt oder der japanische No-Meister mit einer einzigen Handbewegung ganze Landschaften vor das innere Auge zaubert. Plötzlich wurde ich gewahr, wie indianische Gnomen und Elfen – oder wie immer man sie nennen will – mit winzigen Pferdchen, die auf Tragstangen (Travois) geschnürte Bündel zogen, unter den Wasserspiegel verschwanden.

Visionen sind für die Indianer das Heiligste. Ohne Visionen kann kein Mensch, kein Volk leben. Visionen öffnen den Blick auf die geistigen Konturen des Universums, auf die Kräfte und Wesenheiten, welche die sichtbare, alltägliche Welt durchdringen und tragen. Visionen gehören allein demjenigen, dem sie offenbart wurden. Er kann sie zwar erzählen, aber niemand kann sie sich aneignen. Den Chevrolet des Indianers darf ich einfach, ohne zu fragen, wegfahren, wenn ich ihn benötige; sein Gewehr darf ich von der Wand nehmen, wenn ich es unbedingt brauche. Aber seine Vision darf ich mir nicht aneignen, das wäre verwerflicher als Diebstahl. Eine Vision kann aber geschenkt werden, einem Freund oder vor allem einem Neffen, einem Sohn der Schwester. Eine Vision kann auch dem Eigner abgekauft werden, aber das ist teuer; das kostet schon einen Stapel Decken und mehrere Pferde.

Eine Vision ist keine Erzählung, keine Fantasie. Es ist etwas aus der geistigen Dimension Mitgebrachtes, etwas tiefgründig Wahres, etwas, das im Zustand der Gnade "geschaut" wurde. Dieses geschaute Bild kann – in telepathischer Weise – momentan auf einen anderen Menschen übertragen werden, so daß auch er es nun schauen kann – und es nicht nur gedanklich nachvollziehen oder sich vorstellen muß.

Die Vision von den "kleinen Leuten, die im See verschwunden sind", bezieht sich auf die Naturgeister, die damals, als die ersten Missionare und Trapper kamen, zusammen mit den Büffeln in das unterirdische Reich der Großmutter *Eskeheman* geflohen sind. Das hat ein heiliger *Tsistsistovan* damals gesehen. Elkshoulder selbst hat diese Vision als Geschenk empfangen. Und nun hatte er sie mir gegeben, und ich war von seiner Großzügigkeit überwältigt. Zugleich war ich dankbar, daß mir die in den langen Jahren des Schulbesuchs anerzogene Stumpfsinnigkeit und der Ballast der westlichen Intellektualität – sprich Besserwisserei – nicht im Wege standen.

Nun ging ich öfters zu dem See, meditierte, sah hinab durch den Spiegel und erfuhr, daß die Tiefen des Sees nicht nur physikalische, sondern auch metaphysische Tiefen sind. Ganze Büffelherden waren da unten zu sehen. Nun konnte ich Tallbull verstehen, der einmal bemerkt hatte: "Wie können die Weißen hier Wasserski fahren? Wie können sie ihre Picknickabfälle hier hineinwerfen? Sie können wohl nicht sehen!"

Die Naturgeister verschwanden damals, als Josef de Smet, ein jesuitischer Schwarzrock, gewappnet mit Weihwasser und Kruzifix, kurz nach dem amerikanischen Bürgerkrieg als Vorbote einer kataklysmischen Invasion in der Gegend auftauchte. Die Indianer wußten nicht, ob es sich um einen Verrückten oder um einen Schwarzmagier handelte. Sie wußten nicht, ob sie ihn skalpieren oder ihm freien Lauf lassen sollten. Ein Absarokee-Häuptling prüfte den Fremden, indem er ihm sagte: "Wenn du wirklich Medizinkraft hast, dann gehe hinüber zu der Büffelherde und berühre den Leitbullen!" Der Pater ging, während er Gebete murmelte, und berührte den Bullen. Da ließen ihn die Indianer in Ruhe. Nun ist der heilige See nach ihm benannt. Ein überdimensionales Kreuz wurde auf einer Anhöhe oberhalb dieses Lake de Smet aufgerichtet, als gelte es, die Geister für ewig darin zu verbannen.

Nur noch gelegentlich bekam ich Elkshoulder zu Gesicht. Seine "Medizin" beanspruchte ihn zu sehr. Einmal besuchten wir die alten Schlachtfelder aus den Zeiten der letzten Indianerkriege. Bei dem Fetterman Denkmal, wo im Dezember 1866 die Cheyenne und Sioux eine ganze Kompanie unter Führung des Hauptmanns William J. Fettermann aufgerieben hatten, zeigten sich Elkshoulder und Tallbull ganz aufgeregt, plauderten munter in Cheyenne miteinander, verschwanden und tauchten dann plötzlich wieder auf, als könnten sie sich unsichtbar machen. Es war ein guter Ort für Indianer.

Bei dem Denkmal der Wagon Box-Schlacht dagegen blieben sie stumm, wendeten ihre Gesichter ab und zogen die Köpfe zwischen die Schultern, so als ob eiskalter Regen vom Himmel herab käme. Im August 1867 verloren dort viele Krieger der Cheyenne ihr Leben. Sie hatten einen Soldatentrupp aus dem nahegelegenen Fort Phil Kearny beim Holzfällen überrascht und waren sich des Sieges sicher. Nur wußten die Indianer nicht, daß die Blauröcke mit neuen Springfield-Hinterladern ausgerüstet waren. Im raschen ununterbrochenen Feuer dieser neuen Waffengattung brach der Überraschungsangriff zusammen. Ein schlechter Ort für Indianer. Ganz in der Nähe ist ein sumpfiges Waldgebiet, wo noch heute Biber ihre Dämme bauen. Dort wurden die Verwundeten gewaschen und gepflegt, die Toten beweint. In dieser Gegend holt sich Elkshoulder noch immer eine seiner wichtigsten Heilpflanzen, die Hirschmedizin ("elk medicine", *mó ín' es sé e ohk*), die wir Schachtelhalm (*Equisetum spp.*) nennen. Früher verwendeten die Indianer den Schachtelhalm vor allem als Pferdemedizin. Elkshoulder, der das Kraut so lange auskocht, "wie man Knochen kocht, um das Mark herauszulösen", hat viele Verwendungen für diesen Verbündeten aus der Pflanzenwelt. Ein älterer Rancher, dem das Land gehört, hatte ihn einmal beim Schachtelhalmsammeln beobachtet. "Ich dachte, diese Indianer machen da aufwendige Rituale für die Pflanzen, die sie benutzen wollen", sagte er kopfschüttelnd, "dieser Elkshoulder hat sie aber einfach so mit bloßer Hand herausgerissen." Nun, bei einer Pflanze, die schon so lange sein Verbündeter ist, sind die Rituale – das Tabakschenken, das Medizinlied, die Verhandlungen mit dem Pflanzenhäuptling, das "Jagen" und "Erlegen" der Pflanze – schon längst abgehalten worden. Unnötiges „Brimborium" liegt Elkshoulder fern. Den Cheyenne geht es vor allem darum, daß etwas gut funktioniert. Rituale sind für sie keine belanglosen Gesten, sondern sie bewirken vielmehr etwas in der Sphäre, in der sich die Geistwesen, die *Mayun*, bewegen.

Vor drei Jahren (1997) war ich das letzte Mal in Montana. Über Bekannte ließ ich Elkshoulder wissen, daß ich auf Besuch käme. Er ließ mich wiederum wissen, daß er mich unbedingt sehen wollte. (Mein guter Freund Tallbull war inzwischen gestorben.) Verwandte und Freunde in Wyoming veranstalteten ein großes cook-out mit frischem Zuckermais und Steaks und luden die Indianer mit ein. Aber Elkshoulder kam nicht. Er hatte doch ausdrücklich gesagt, daß er mich unbedingt wiedersehen wollte!

Nun gut, da fuhr ich also, zusammen mit einem Winnetou-Fan aus Deutschland in einem gemieteten, funkelnagelneuen roten Dodge die lange Strecke nach Lame Deer, Montana, dem Reservat der Northern Cheyenne. Die Familie von Tallbull, die ich besuchen und fragen wollte, wo Elkhoulder lebt, war nicht zu Hause. Also fragten wir am Trading Post nach. Ja, sagte ein Indianer, da müsse man geradeaus fahren, dann links, dann vor der Kurve beim blauen Haus abbiegen. Wir starteten, aber es gab weder ein blaues Haus noch eine Kurve. Da kehrten wir wieder zurück und versuchten mit dem nächsten, dem wir begegneten, unser Glück. Ja, er hätte Elkshoulder eben gesehen, der sei dort unten in dem Restaurant. Gutgläubig, wie wir bis dahin noch waren, fuhren wir hin. Nein, hieß es da, Elkshoulder sei nicht da, aber wir sollten doch die junge Frau draußen fragen, das sei eine seiner Enkeltöchter. Als wir die Anweisungen dieser wild dreinblickenden jungen Frau befolgten, kamen wir an einen abgelegenen Ort, wo uns die Hunde fast zerfleischt hätten. Dann, nach einigen Stunden gelangten wir an das große Zeltlager, wo der Sonnentanz vorbereitet wurde und in langen Streifen geschnittene, rohe Fleischstücke zum Trocknen am Zaun hingen. Als ich merkte, daß man uns auch hier wieder an der Nase entlang führen wollte, wurde mir klar, daß die Indianer uns für FBI-Agenten hielten, die aus irgendeinem Grund ihren Ältesten belangen wollten. Die Cheyenne wurden zwar besiegt, aber ergeben haben sie sich nie. Daß die Cheyenne Meister im Legen falscher Spuren sind, hatte ich schon früher bei meinem fehlgeschlagenen Feldforschungsversuch erfahren. Die "tourist stories" – Märchen für Touristen – mit denen Tallbull neugierige Besucher abspeiste, hatten mich schon manchmal zum Schmunzeln gebracht. Nachdem ich den Gestalten, die da vor mir in Cowboystiefeln und mit Federn am Hut standen, erklärt hatte, wer wir waren und was wir wirklich wollten, ebnete sich der Weg.

Wir hielten an dem abgelegenen, kleinen gelben Häuschen. Seine Frau lud uns in die saubere Stube ein. An der Wand hing ein Bild, das einen Hirschen zeigte, und ein großes Poster, auf dem der mächtige Medizinmann Jesus zu sehen war. Ja, beteuerte sie, der alte Mann wollte mich unbedingt sehen. Nun aber mußte er dringend zu einer Zeremonie auf den Heiligen Bärenberg Nowah'wus in den Black Hills gehen und käme erst in einer Woche wieder zurück. Sie erzählte von Tallbulls Tod. Elkshoulder hätte die traditionellen Klagelieder, die zur Bestattung gehören, gesungen. Er sei der Einzige, der diese sakralen Gesänge noch kennt. Sie erzählte, wie er die Woche zuvor eine Krähenindianerin durch das Auflegen eines erhitzten Steines, von den Folgen eines Schlaganfalls geheilt hatte. "Ihr Gesicht war schrecklich verzerrt gewesen. Die weißen Ärzte nennen das einen Schlaganfall, es war aber ein böser Geist, der in sie hineingeschlüpft war." Ob ich ein Kraut gegen Diabetes kenne, fragte sie, denn dieses Leiden nimmt im Reservat immer mehr zu.

Plötzlich schaute die Frau auf. "Geh schnell raus," sagte sie, "und drehe die Fenster im Wagen hoch. Da kommt was." Tatsächlich wehte plötzlich ein heftiger Wind, schwarze Wolken wirbelten über die Hügel, es blitzte und donnerte; zugleich prasselten dicke Hagelkörner herab. So schnell ich konnte, rannte ich die paar Schritte zum Haus zurück, war aber schon bis auf die Haut durchnäßt. In dem Augenblick, als ich die Tür hinter mir zuschlug, war das Gewitter, so plötzlich wie es gekommen war, wieder verschwunden. Ein Regenbogen krönte das Schauspiel. Ich nahm wieder Platz und merkte, daß sich die Atmosphäre in der Stube verändert hatte. Elkshoulders großer Sessel, in dem er immer saß, wenn er zu Hause war, rückte in den Mittelpunkt meiner Aufmerksamkeit. Die Frau redete weiter. Sie erzählte von diesem und jenem, dabei deutete sie ab und zu auf den Sessel und sagte: "Ja, und wie der alte Mann, sagt..." oder "Der alte Mann hier macht es soundso!"

Ich spürte seine Gegenwart. Ich wußte, wenn er auf dem heiligen Berg war und mit den anderen indianischen Zauberern die alten Rituale dort zelebrierte, dann konnte er fliegen, wohin er wollte. Das erste Mal, als mir bewußt wurde, daß diese Indianer archaische schamanische Techniken beherrschen, die ihre Seele reisen lassen, war anläßlich eines Hundemords. In der kleinen Ortschaft am Rande der Bighorns, wo wir wohnten, konnten die Hunde noch frei herumlaufen. Einige alte Frauen fürchteten sich jedoch vor den Hunden und stifteten einen Säufer an, die Tiere heimlich mit vergifteten Hackfleisch umzubringen. Fast alle Hunde starben. Zu diesem Zeitpunkt weilten Elkshoulder und Tallbull auf dem heiligen Berg Nowah'wus. In der folgenden

Woche traf ich Tallbull, der seit der Rückkehr vom Berg noch nicht in der Ortschaft gewesen war. Als Erstes stellte er mir die Frage: "Wo sind eure Hunde? Wir sind über euer Dorf geflogen, da waren keine Beller da!" (Hunde sind für die Cheyenne übrigens heilige Tiere, auch wenn gelegentlich ein noch milchsäugender Welpe mit in die Suppe kommt. Jeder Cheyenne hat fünf bis sieben Hunde, und Welpen werden gerne verschenkt. Die Hunde sind nicht nur als Wächter und Jagdgefährten wertvoll, sondern ihre Träume bringen den Menschen Segen – sagen die Indianer.)

Also konnte ich, wenn er auch selbst nicht körperlich anwesend war, dennoch mit dem großen Medizinmann reden und Interessantes erfahren. Im Rahmen der herkömmlichen Wissenschaftsmethode ist das natürlich nicht nachvollziehbar, ist aus deren Sicht reiner Humbug. Doch als Völkerkundler stößt man immer wieder auf Dinge, für die unser kulturorientiertes (culture bound) und letztlich ethnozentrisch konstruiertes Paradigma keinen Platz findet.

„Ja, lieber Horatio, es gibt mehr Dinge im Himmel und auf Erden, als eure Schulweisheit sich träumt!" (Shakespeare, Hamlet, I,5). Und dann, so wird gemunkelt, soll es auch hier schon wieder "Hexen" geben, die bei Vollmond ihren Astralleib durch den Äther schwirren lassen.

*Dr. phil. **Wolf Dieter Storl** unterrichte 20 Jahre Kulturanthropologie, Soziologie, Ethnologie und Ethnobotanik an Universitäten der USA und als Gastdozent in Österreich und in der Schweiz. Es erschienen zahlreiche Publikationen seiner ethnographischen und ethnobotanischen Feldforschungen, z. B. bei den Medizinmännern der Northern Cheyenne oder bei den Sivaiten in Indien und Nepal.*

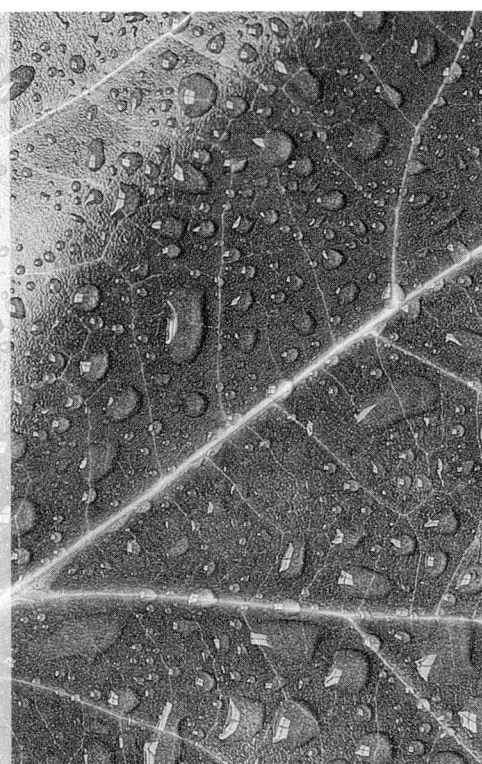

Bear Heart

DEN WEG DER SCHÖNHEIT GEHEN

Von Norma Kolb

Wie stellen Sie sich eigentlich einen indianischen Schamanen vor?

Wie ein Wesen, nicht ganz Mensch und nicht ganz Geist, das, in Trance versunken, seine Tage verbringt? Das, umgeben von Rauchschwaden, mystische Rituale vollführt? Zu dem wir eine schaudernde Distanz einnehmen und gleichzeitig eine ängstliche Faszination verspüren?

So sah jedenfalls jahrelang mein inneres Bild aus, das auftauchte, wenn ich das Wort Schamane hörte.

Diese Vorstellung bedurfte einer gründlichen Erneuerung, als ich begann, mich mit Bear Heart zu befassen. Oder richtiger gesagt, es bedurfte nicht nur der Erneuerung, sondern auch einer vielschichtigen, weitreichenden Ergänzung, denn Bear Heart ist im wahrsten Sinne des Wortes ein „Wanderer zwischen den Welten", ein „Wanderer zwischen den Zeiten" und ein „Wanderer zwischen den Philosophien und Glaubenssystemen".

Und so ist richtig, wenn wir uns Bear Heart bei der Ausübung von Heilzeremonien und Ritualen vorstellen, bei denen kraftvolle symbolische Hilfsmittel die Verbindung zwischen Schöpferkraft und Mensch bilden. Aber genauso richtig ist, wenn wir Bear Heart in Albuquerque auf einer Parkbank mit einem Comic- oder Westernheftchen in der Hand sitzen sehen oder wir ihn im Wartebereich eines Flughafens beim Lesen von C. G. Jung oder beim Zeichnen von Cartoons entdecken. Bear Heart erzählt uns mit der gleichen humorvollen Ernsthaftigkeit Geschichten aus der Bibel, Geschichten aus der beseelten Natur und Geschichten aus der modernen Psychologie. Für ihn gibt es keine Trennung zwischen Alt und Modern, zwischen Mensch und Natur, zwischen magischem Denken und konfessionellem Glauben, zwischen Wissenschaft und Intuition.

Bear Heart wurde im Zeichen des Widders 1918 in Oklahoma geboren, dem Stamm der *Creek*-Indianer zugehörig. Drei Tage nach seiner Geburt wurde er von seiner Mutter ins Freie getragen, den Himmelsrichtungen und Elementen vorgestellt und deren Schutz befohlen. Auf diese Weise wurde in der traditionellen indianischen Welt eine tiefe Verbundenheit zu den Elementen geschaffen, was im Verlauf der Kindheit durch Erziehung und Vorbild weiter reift und zu einer selbstverständlichen, bedingungslosen Achtung vor der Natur führt.

Bear Heart wuchs auf dem Lande auf, in einem Indianerterritorium in der Nähe von Okemah. Er lernte von frühester Kindheit an, sich in der Landwirtschaft nützlich zu machen und konnte bereits achtjährig Pferde vor den Wagen spannen. Als er zehn Jahre alt war, bekam er von seinem Vater ein Stück Land geschenkt. Dabei war es ihm freigestellt, das Land zu bebauen oder es verwildern zu lassen, so daß Kaninchen dort Nahrung fänden und Bear Heart diese Kaninchen erlegen könne. So erkannte Bear Heart in diesem Geschenk die Aufforderung oder Verpflichtung, es zu nutzen. Nach einigen Überlegungen pflanzte er Baumwolle an und arbeitete sehr hart, die zwei Morgen Land ganz allein ohne jegliche Hilfe zu bestellen. Schließlich aber konnte er sich vom ersten Ernteerlös eine Lederjacke und ein Paar Arbeitsschuhe kaufen, und seine eigene Leistung erfüllte ihn mit großem Stolz. Im nachhinein wurde Bear Heart klar, wie dieses geschenkte Stück Land ein Symbol für das Geschenk des Lebens war, das es galt, sinnvoll zu nutzen.

Seine Brüder waren alle erheblich älter, so daß er wie ein Einzelkind aufwuchs, und dies schenkte ihm sehr früh Zähigkeit und Durchhaltevermögen sowie die Kraft, sich durchzusetzen, eigene Entscheidungen zu treffen und Fertigkeiten mit Ausdauer zu trainieren – Qualitäten, die ihm in seiner Ausbildungszeit zum Medizinmann wesentliche Grundlagen waren. Die sehr sorgsame Erziehung seiner Eltern und der Stammesältesten vermittelte ihm eine unabdingbare Achtung vor Mensch, Tier und Natur. Aber auch die Unterweisung in praktischen Dingen, wie z. B. das Jagen, war wichtiger Teil seiner Kindheit und Jugend.

Durch viele Geschichten und anschauliche Beispiele wurde in Bear Heart der Nährboden gelegt für sein späteres Welt- und Menschenbild. Sein Onkel Jonas Bear z. B. war, ohne je etwas von Psychologie gehört zu haben, ein großer Lehrmeister in diesem Fach. So gibt es die Geschichte, daß Jonas Bear den kleinen Bear Heart zu einem Teich mitnahm und fragte:

„Was siehst du?"

„Mein Spiegelbild."

„Zieh den Stock hier mal durchs Wasser. Was siehst du jetzt?"

„Mein Gesicht ist völlig verzerrt."

„Gefällt dir das, was du siehst?"

„Ich weiß, daß es in Wirklichkeit anders ist."

Jonas Bear nickte: „Wenn du jemanden kennenlernst und ihn auf den ersten Blick nicht magst, denk immer daran, daß du ein Spiegelbild von dir siehst – es gibt etwas an dir selbst, das du nicht magst. Wenn du es bei einer anderen Person entdeckst, magst du diese Person nicht, doch in Wahrheit bist du mit dir selbst nicht zufrieden. Vergiß das nicht."

1938 schloß Bear Heart die High School ab, ging anschließend auf das College und belegte als Hauptfach Psychologie. Nach dem College-Abschluß unterrichtete er bei der Armee Nahkampf. Die Abneigung gegen diese Tätigkeit bewegte ihn dazu, die Prüfung zur Aufnahme in den Geheimdienst zu absolvieren, die er als Einziger von vielen bestand. Bear Heart fühlte sich dem geleisteten Schwur, sein Vaterland zu verteidigen, ohne Wenn und Aber verpflichtet.

Im Alter von 18 Jahren, also noch während seiner High School Zeit, erhielt Bear Heart den Besuch eines alten Mannes. Es handelte sich um den Medizinmann Daniel Beaver, der aufgrund einer schweren Zuckererkrankung ein Bein und das Augenlicht verloren hatte und spürte, daß es nun an der Zeit war, sein Wissen an einen würdigen Schüler weiterzugeben. Er hatte Bear Heart über die Jahre hinweg beobachtet und war angetan von dessen Hilfsbereitschaft und Worttreue, so daß seine Wahl auf ihn gefallen war. Kurze Zeit später kam ein weiterer Medizinmann, Dave Lewis, mit dem gleichen Wunsch zu Bear Heart. Und so begann eine 14-jährige Lehr- und Prüfungszeit bei zwei Lehrern, zu denen Bear Heart abwechselnd in unregelmäßigen Zeitabständen ging, bis er schließlich nach dieser langen Ausbildungszeit selbst als Heiler und Schamane tätig wurde. Seine Gabe, durch Geschichten tiefe Erkenntnisse in einfacher Weise zu vermitteln und damit über rituelles Handeln hinausgehend wirksame Lebenshilfe anzubieten, wurde von Rundfunk- und Fernsehanstalten erkannt und genutzt. Seine öffentlichen Auftritte und Vorträge machten ihn im Laufe der Zeit weltweit bekannt. Er erhielt hohe Auszeichnungen und gilt heute als der große alte Weise unter den indianischen Sehern und Heilern der Gegenwart.

Die Ausbildung zum Medizinmann umfaßte viele verschiedene Ebenen. So ging es um das Erlernen von Gesängen und Ritualen, um den richtigen Gebrauch von helfenden Utensilien ebenso wie um das Gewinnen innerer Einstellungen und Weisheiten, die zum wahren Helfen befähigen. Viele Prüfungen lagen auf diesem Weg, die jedoch nicht zur Überprüfung des Gelernten dienten, so wie wir in unserem westlichen Denken das Wort Prüfung verstehen, sondern eine gestellte Aufgabe hatte stets den Hintergrund, eine Hilfestellung für mögliche spätere Situationen zu bilden. So sollte sich Bear Heart eines Tages, bekleidet nur in Shorts, auf einen Ameisenhaufen legen. Die Ameisen liefen über den ganzen Körper, sogar über die Augenlider, aber sie bissen nicht. Bear Heart widerstand dem Impuls, die Ameisen abzustreifen aus Angst, dabei eine zu töten. So lag er ganz still da.

Sein Lehrer sagte dazu: „Du mußt keine Gewalt anwenden und dich nicht verteidigen, wenn du genug Vertrauen hast. Wenn du daran nicht geglaubt hättest, hätte sich in dir Widerstand geregt, und die Ameisen hätten dich gebissen. Diese Übung in Selbstdisziplin lehrt dich, dein eigenes Leben anzunehmen und darauf zu vertrauen."

Am schwersten fiel Bear Heart, wie er selbst erzählt, Einfühlungsvermögen in der richtigen Weise zu entwickeln. Er beschreibt es als eine Fähigkeit, die Position des Beobachters einzunehmen, also eigene Emotionen zu zügeln, und sich dennoch in die Lage des anderen zu versetzen. Die dadurch spürbare eigene Sicherheit übertr ägt sich auf den anderen und gibt ihm wirkliche Hilfe. Diese Ausgewogenheit an Empathie und Distanz zu finden würde auch heute so manchem Psychotherapeuten zu wünschen sein!

In der Arbeit eines Medizinmannes geht es nach dem Verständnis von Bear Heart nicht um Medizin im üblichen Sinn, nicht um das Heilen als solches. Es geht vielmehr um das Nutzen seiner gewonnenen Erkenntnisse, die es ihm ermöglichen, Dinge mit ihren jeweiligen Energien sinnvoll zusammenzufügen und dadurch die Möglichkeit der Heilung vorzubereiten. Für die Heilung selbst sind andere Kräfte zuständig. So bezeichnet sich Bear Heart bis heute als Helfer, nicht als Heiler. Erworbenes Wissen dient demnach lediglich als Basis, als Vorbereitung, um es den Höheren Mächten zu erleichtern, heilsam zu wirken.

Wissen in der westlichen Sichtweise als eine Ansammlung von Angelesenem, von Theorien, ohne die Weisheit, es sinnvoll anzuwenden, wird von den Indianern gerne verspottet. Bear Heart erzählt dazu eine wunderbare Geschichte:
Ein verstorbener Stammesangehöriger wurde, wie es Brauch war, nach einer Zeremonie in Hockstellung hingesetzt, im Rücken abgestützt von Steinen, damit der Große Geist ihn sehen könne und ihm zur Wiedergeburt in der Welt des Geistes verhelfe. Offensichtlich erwachte jedoch dieser Mann wieder aus dem Koma und kehrte am Abend etwas blaß nach Hause zurück. Seine Familie hieß ihn willkommen.
Ein paar Tage später schien er erneut tot zu sein. Also wurde ein zweites Mal eine Zeremonie vollführt, man brachte ihn wieder in die Hockstellung – und wieder kehrte er am Abend nach Hause zurück.
Einige Tage später fragte jemand die Familie, ob der Alte denn nun endgültig verstorben sei. „Wir wissen es nicht, aber als er das letzte Mal diesen Trick versuchte, haben wir ihn auf die Art des Weißen Mannes begraben, und seither ist er nicht wieder aufgetaucht."

Bear Heart bezeichnet Heilkunde nicht nur als Hilfestellung für den leidenden Körper. Er sieht sie vielmehr auch als Möglichkeit, den Menschen in eine andere Richtung zu weisen, um zum Guten im Leben zu gelangen und damit eine ganzheitliche Heilung zu erfahren.

Solch richtungsändernde Weisheiten vermittelt Bear Heart in sehr unspektakulärer, aber eindringlicher Weise.

„Vollenden Sie niemals einen negativen Gedanken." Und er erklärt uns, wie wir uns krank denken, wenn wir unser Unterbewußtsein wie einen Computer mit negativen Gedanken füttern, und dieses wiederum wie ein Computer auf negativ gegebene Informationen in negativer Weise reagiert. Einen Gedanken ins Bewußtsein zu pflanzen ist wie ein Samenkorn in die Erde zu stecken. Der Samen holt sich alles, was er zu seiner Entwicklung braucht. Wir haben es selbst in der Hand, welche Gedanken, welche Qualitäten, welche Samen wir in unser Bewußtsein „pflanzen".

Um die Kraft der Gedanken oder die Intensität der Kommunikation zwischen Körper und Geist zu illustrieren, erzählt Bear Heart die Geschichte eines Soldaten, der im Korea-Krieg sein Bein verlor. Das amputierte Bein wurde vor Ort begraben, weil die Kämpfe rings um das Lager weitergingen. Der Soldat klagte nach Einlieferung ins Krankenhaus ständig darüber, daß Ameisen über sein ganzes Bein krabbelten. Erklärungen der Ärzte über Phantomschmerzen halfen nicht weiter. Schließlich grub ein Sonderkommando das Bein nochmals aus und fand es von Ameisen übersät.

Als eine der bemerkenswertesten Eigenschaften seines Stammes bezeichnet Bear Heart den Humor, das Lachen, das auch in traurigen Situationen wieder zur inneren Balance verhilft.

Es gibt beim Stamm der *Ponca* den Brauch, einen Verstorbenen am vierten Tag zu beerdigen und bis dahin Tag und Nacht bei ihm zu wachen und zu reden, sich um Mitternacht zu stärken und dann wieder erneut bis zum Morgengrauen zusammen zu wachen.

Ein Ehemann war gestorben, und der ganze Stamm hatte sich versammelt. Ein Priester aus einer nahegelegenen Kirche kam kurz vor Mitternacht an die Reihe, einige Worte zu sprechen, und wollte sich gerade setzen. Da er schon älter war, ließ er sich dazu Zeit. Nach einer Weile saß er endlich, lehnte sich auf seinem Stuhl zurück, der auf rutschigem Boden stand, und fiel nach hinten unter den Sarg. Die anderen Redner standen auf und zogen ihn heraus. Die Witwe machte ein unbewegliches Gesicht, bis sie sich nicht mehr halten konnte und in lautes Gelächter ausbrach, in das alle einstimmten. Sie sagte: „Wißt ihr, mein Mann hätte sich wirklich sehr gefreut. Er war ein Mensch mit Humor – er brachte gerne Leute zum Lachen."

Gegründet sind die Lehren von Bear Heart in einer tiefen Spiritualität, die zum einen die Quelle des Lebens ist und zum anderen dem menschlichen Leben Ziel und Sinn gibt. Immer wieder appelliert er an seine Zuhörer, in der Stille die Gedanken zu sammeln und das eigene Leben auf das Wesentliche hin auszurichten. Er ist fest davon überzeugt, daß das Überleben unserer Gesellschaft von einzelnen Menschen abhängt, die eine enge Verbindung zum Spirituellen haben. Und so wird er nicht müde, in diesem Sinne richtungweisend und ermutigend zu wirken. Seine Gelassenheit, seine Bescheidenheit und sein tiefer innerer Frieden werden in jeder Begegnung spürbar und stärken die, die auf der Suche sind. Und so ist Bear Heart weit mehr als ein Heilkundiger, als ein Medizinmann, als ein Schamane. Er ist ein Weiser, der uns den Weg weist.

„Geh den Weg der Schönheit.
Du mußt ein Ziel haben und nach dessen Erfüllung streben;
Versuche, ein harmonisches Leben,
geleitet von Treue, Glauben und Vertrauen, zu führen.
Dann wird es ein erfülltes Leben sein.“

*Gerardo Pizarro und
Andalia Carranza*

INKA-MEDIZIN

Von Boris Henne

Gerardo Pizarro wurde im Norden von Peru in der Provinz Lambayeque-Chiclayo geboren. Sein Heimatort Tucume liegt inmitten eines Wüstenstreifens entlang des Pazifiks.

Bis zu seinem elften Lebensjahr lebte Gerardo Pizarro mit einer Familie von *Curanderos* (span. Heilern) zusammen, deren Wissen auf der pre-inkaischen Kultur der *Mochicas* beruht.

Durch Reisen und durch seine engen Verbindungen mit anderen Schamanen Perus vervollständigte Gerardo Pizarro sein Wissen von Brauchtum und Lebensweise in den Anden im Süden von Peru sowie von Pflanzenkunde und Heilkräuterritualen aus Amazonien. Durch die Anwendung seiner heiligen Gegenstände (*sus Artes*) – auf einem Tuch am Boden ausgebreitet – wird das magische Zusammenspiel von Brauchtum und Heilkunst zu einem einmaligen Reinigungsritual.

El Ritual de Purificacion,
La Mesa Ritual (Die Reinigungszeremonie)

Mit zwölf Jahren wurde Gerardo als Sohn vom Medizinmann des Stammes der *Aquarunos*, die im Amazonasgebiet leben, aufgenommen. Der Medizinmann unterwies ihn im Wissen der heiligen Pflanzen, unter anderem auch der des Drachenkrautes (*La Hierba de Dragon*), welches noch heute fester Bestandteil seiner Rituale ist.

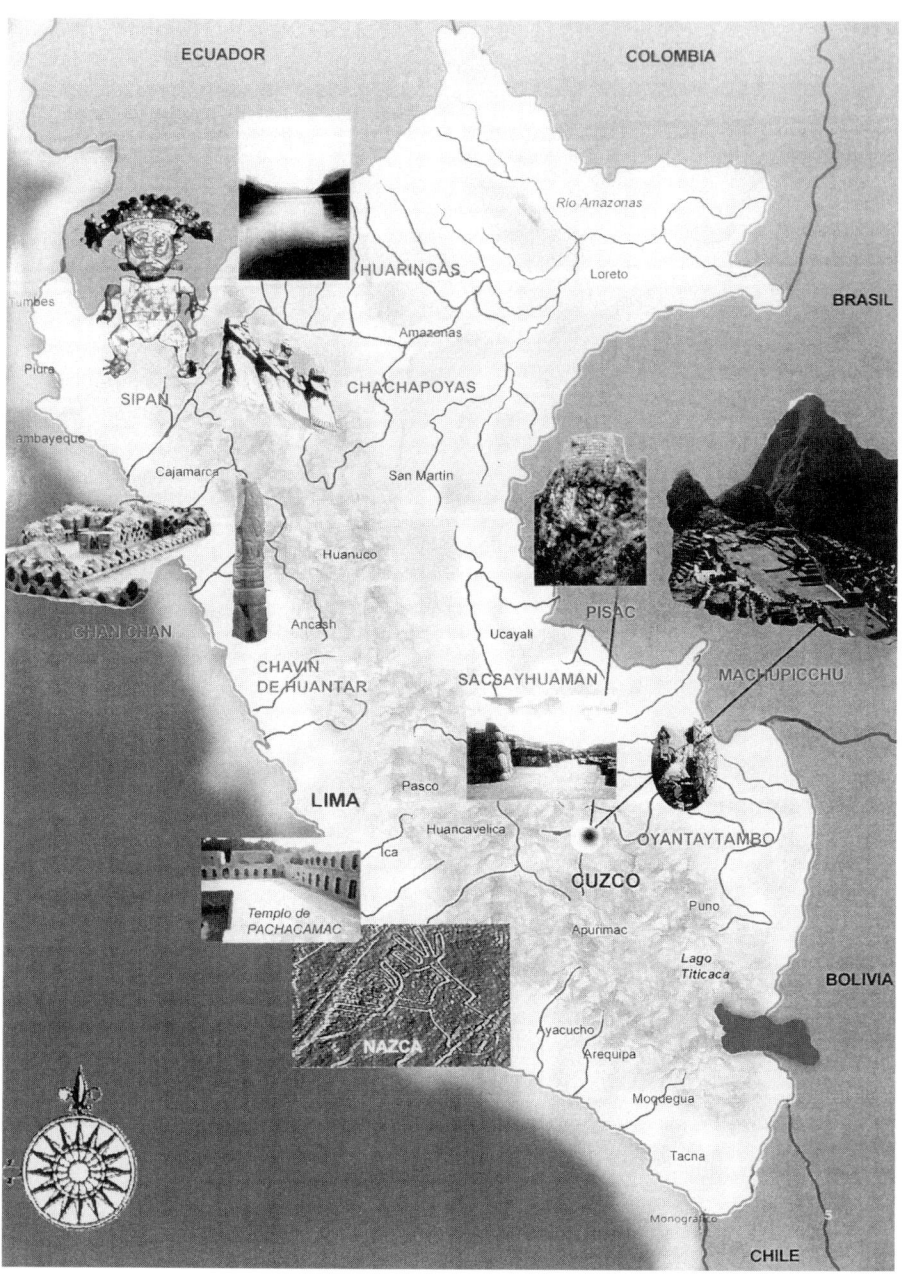

ECUADOR

COLOMBIA

BRASIL

Tumbes

Piura

Lambayeque

SIPAN

HUARINGAS

Río Amazonas

Loreto

Amazonas

CHACHAPOYAS

Cajamarca

San Martin

CHAN CHAN

Huanuco

Ancash

CHAVIN
DE HUANTAR

Ucayali

PISAC

SACSAYHUAMAN

MACHUPICCHU

LIMA

Pasco

Huancavelica

Ica

Templo de
PACHACAMAC

OYANTAYTAMBO

CUZCO

Puno

Apurimac

Lago
Titicaca

BOLIVIA

NAZCA

Ayacucho

Arequipa

Moquegua

Tacna

Monografico

CHILE

Zurückgekehrt zu seiner Familie wurde er von seiner Großmutter Asunción Sanchez und von seiner Mutter Andalia Carranza in die Kraft der schwarzen Lagune, der Laguna negra, eingeweiht, die ihm das Wissen, die Macht und den Schutz verlieh, Patienten auf der ganzen Welt zu heilen. 1985 reiste Gerardo nach Europa und lernte seine Frau Alexandra kennen. Heute lebt er mit ihr und seinen sechs Kindern in Madrid.

Seit nun mehr als 30 Jahren reist Gerardo Pizarro zu allen Orten dieser Welt, um Menschen von ihrem Leid und ihren Krankheiten zu befreien.

Die *Mesa Ritual* wird für Gruppen oder als Einzelritual zur Reinigung von Patienten oder Suchenden eingesetzt.

Mit seinen *Artes* – so nennt man die schamanischen Gegenstände: vom Holz heiliger Bäume gefertigte Stäbe, Schwerter, Figuren, die unterschiedliche Kräfte symbolisieren, Kristalle, die an verschiedenen Orten geweiht wurden – und seinen reinigenden Heilkräutern wird eine sehr starke Kraft herbeigerufen, die hilfesuchende Patienten in vollkommene Sicherheit führt und ihnen ein Gefühl von grenzenlosem Vertrauen ermöglicht.

Der *Curandero* (der Heiler) kann in diesem Moment die negativen Einflüsse – woher auch immer sie kommen – spüren, sehen und beseitigen. Es ist dabei unbedeutend, ob sie nun physischer, emotionaler, mentaler oder karmischer Natur sind. Negative Einflüsse, auch von fremden Personen wie Voodoo, Flüche, Verwünschungen oder Einwirkungen verirrter Seelen, die von unserer Energie leben, werden beseitigt.

Jeder einzelne Teilnehmer am Ritual wird vom *Curandero* persönlich behandelt und kann sich somit entladen und reinigen, wie dunkel und negativ auch immer der Einfluß des jeweiligen Teilnehmers und seiner Aura zum derzeitigen Zeitpunkt ist.

Nur wenn derlei störende Kräfte beseitigt sind, sagen die Ureinwohner Südamerikas, ist es möglich, dem Leben einen schönen und erfüllten Inhalt zu geben.

Zum Ritual kann jeder Teilnehmer seinen persönlichen Talismann oder Gegenstände mitbringen, um diese mit den verschiedenen positiven Energien aufladen zu lassen. Auch durch ein Foto können wir zu Menschen aus unserem Freundeskreis heilende Kräfte schicken lassen. Unsere Wünsche werden materialisiert: Sei es Gesundheit, Glück, Wohlstand, Frieden, Liebe, Harmonie oder Erfolg, das sind Energien und Kräfte, die durch verschiedene Figuren und Statuen verkörpert sind und die nun durch eine Reinigung von allen negativen Einflüssen auf uns übergehen können.

In der *Mesa Ritual* werden schlechte Erfahrungen, negative Schlüsselerlebnisse aus der Vergangenheit, dem vorhergehenden Leben oder der unmittelbaren Gegenwart entfernt. Sämtliche Blockaden, z. B. auch Energieblockaden, werden anhand der *Chontas* (heiligen Stäbe) beseitigt. Die Teilnehmer können dieses eindrucksvolle Geschehen in Form von Blitzen sehen. Sämtliche negativen Einflüsse an Geist, Körper und Seele werden von der *Mesa* aufgenommen.

Mit den Schwertern werden Geister und Kräfte aufgelöst, die sich von unserer Energie nähren und uns in unserer persönlichen Entfaltung beeinträchtigen.

Mit seiner Sprache, seinem Gesang und den Kräften der *Mesa* reinigt Gerardo Pizarro im Zeitalter des Neo-Schamanismus und des New-Age seine Patienten auf eine

Weise, die sie wieder zurück zur Individualisierung und freien Entfaltung, gepaart mit einem neuen Bewußtsein, führt.

Eine weitere Technik Gerardos ist das „*Banyo iniciatico de la buena suerte*", ein Purifikationsbad, das zusätzlich für eine größere Harmonie zwischen Geist, Seele und Körper eingesetzt wird.

Auf der Basis der vier mystischen Elemente sowie der Gebrauch von Milch, Honig, Blüten und aromatischen Essenzen erfahren wir eine Steigerung unseres Selbstwertgefühles, unserer inneren Werte und die magnetische Wirkung des Glücks in jeglicher Hinsicht.

Die Heilmassage (*Chucaque*) ist eine Technik, die seit Jahrtausenden innerhalb der Familie übermittelt wurde. Für die *Mochicas* – eine 3000 Jahre alte pre-inkaische Indio-Rasse –, deren Sprache noch heute das Qechua ist, bedeutet *Chucaque* Schrecken oder ein starker Eindruck, der sich tief in den Körper eingeprägt hat.

Genau dieser Schrecken, der sich in unseren Gelenken festsetzt, wird mittels dieser Massagetechnik entfernt.

Das Massieren der Muskeln und bestimmter Punkte unseres Körpers wandeln den gehemmten Fluß der Energie in eine natürliche Vitalität um.

Mit den spanischen Karten (*La baraja espanyola*) hilft Gerardo Pizarro denjenigen, die in einem spirituellen und/oder emotionalen Stau stecken oder einfach mehr über sich und ihre Zukunft/Vergangenheit wissen wollen.

Eine komplette Analyse der Person und deren Probleme, ob solche in seiner Beziehung, in seiner Arbeit oder bei seiner Gesundheit, läßt das Dunkle oder Undurchsichtige wieder klar erscheinen, so daß dem Heilungsuchenden ein neuer, kleiner Anstoß genügt, um aus einem Tief herauszukommen.

Weitere Aktivitäten Pizarros sind seine Seminare und Workshops. Diese Seminare werden unter verschiedenen Themen veranstaltet, wie z. B. das Öffnen unseres Bewußtseins, die Geburt, der Tod, Sexualität und Liebe, Schuld und Unschuld wie auch Workshops über Atem- und Meditationstechniken.

Die Atmung ist der Anfang des praktizierten bewußten Lebens, denn ohne dieses besondere Bewußtsein werden wir nicht hinter die Geheimnisse unserer Existenz gelangen.

Das Bewußtsein ist ein Zustand, den wir in der Gegenwart und in jedem Moment unseres täglichen Lebens anwenden, um die Glückseligkeit und auch das Leid aller Dinge und Situationen intuitiv zu erkennen.

Diese Seminare sind ganz speziell für Therapeuten, Ärzte oder Psychologen konzipiert, damit auch diese mit ihrem vorhandenen Wissen den Kreis des Bewußtseins erfahren und in ihre Heilpraktiken integrieren können.

Andalia Carranza

Andalia Carranza, Enkelin von Celina Vera und Mutter von Gerardo Pizarro ist zur Zeit eine der berühmtesten praktizierenden Schamanen-Frauen in Amerika und Europa. Wie schon bei Gerardo Pizarro erwähnt, basiert ihr Wissen auf den traditionellen Heiltechniken der Mochika-Indianer Perus.

Als direkter weiblicher Nachkomme dieser Kultur wurde Andalia auf eigenen Wunsch und nach dem Bestehen vieler Proben in die Laguna negra initiiert. Ihre Kraft und ihr Einfluß sind durch diesen heiligen Ort in den Anden Perus geschützt. Andalia Carranzas Techniken sind, wie bei Gerardo Pizarro, die *Mesa Ritual*, die von ihr in ganz privatem Umfeld zelebriert werden kann. Ihre Aufgabe ist es, verirrte Seelen, die sich noch in unserer Welt befinden, zu sehen und zu befreien. Aber auch die Reinigung mit dem Ei oder „das Bad des aufblühenden Menschen" gehört zu ihren Arbeiten, die uns in unserer Welt des Nur-Geistes helfen, Geist, Körper und Seele harmonisch wiederzuvereinigen.

Sie ist als weibliche Schamanin eine besondere Anlaufstelle vieler weiblicher Patienten, deren Physiognomie der Beschwerden doch oft anderer Natur ist als die bei den männlichen Patienten.

Andalia Carranza ist Geburtshelferin und bekämpfte schon bei vielen Frauen die Sterilität erfolgreich. Als Mutter von acht leiblichen Kindern und einigen Waisenkindern, derer sie sich angenommen hat, ist Andalia eine Frau von einer außergewöhnlichen Spiritualität, die in ihrer Art, der Welt zu helfen, immer wieder in Erscheinung tritt.

In Zusammenarbeit mit ihrem Sohn Gerardo Pizarro hat sie schon Tausenden von Menschen geholfen, mit ihrem persönlichen Schicksal fertig zu werden, oder diese von ihren Krankheiten geheilt.

Brant Secunda und Don José Matsuwa

DIE TRÄUMENDEN GÖTTER-
SCHAMANISMUS DER
HUICHOL INDIANER

Von Brant Secunda

Seit unzähligen Jahren sind die zerklüfteten Abhänge und die tiefen Schluchten der Sierra Madre in Mexiko die Heimat der Huichol-Indianer. Ungefähr 15 000 Menschen leben in kleinen "ranchos" von ca. 100 - 250 Personen. Sie werden als der letzte Stamm Nordamerikas bezeichnet, der seine vorkolumbianische und vorchristliche, schamanische Tradition bewahren konnte.

In ihren Träumen und Visionen sahen die Huichols die Ankunft der Spanier voraus. Anstatt gegen diese zu kämpfen, zogen sie sich in ihre abgeschiedene Bergwelt zurück. Das rauhe und unwirtliche Gelände hielt Armeen, Missionare und Reisende jahrhundertelang fern. Dies wiederum garantierte den Erhalt ihrer traditionsreichen Kultur.

Die Huichols sind Landwirte und leben vom Maisanbau. Sie legen ihre Felder an den steilen Abhängen ihres Landes an. Der Mais bedeutet Leben für sie und wird, wie alles im Leben der Huichols – der Jahreszyklus, die Vorbereitung der Felder, die Aussaat, das Wachstum und die Ernte – von religiösen Zeremonien begleitet.

Für uns ist Schamanismus ein Lebensweg – um uns selbst und die Erde zu heilen –, genauso wie es für unsere Vorfahren war. Wir folgen denselben zeremoniellen Zyklen und heilenden Zeremonien.

Die Huichols haben mir sehr viel gegeben, und ich bin glücklich über all das, was mein Großvater Don José mich lehrte; sein Wissen anwenden zu können und an Menschen weiterzugeben, um zu heilen und Zeremonien zu leiten, damit sie ein Leben in Balance und Stärke führen.

97

Ich verließ mein Elternhaus mit 18 Jahren und reiste nach Mexiko auf der Suche nach einem Lehrer. In Ixtlan traf ich einen Schullehrer der Huichols, der mir ein Empfehlungsschreiben gab, denn für die Huichols ist es nach wie vor sehr wichtig, Fremde von ihrem Gebiet fern zu halten. Er beschrieb mir den Weg als Fünftages Marsch, aber ich unterschätzte die Entfernung und die Hitze. Am dritten Tag hatte ich nichts mehr zu essen und zu trinken, und durch den Wasserverlust wurde ich bewußtlos. Ich hatte Visionen von Lichtkreisen und hirschähnlichen Tieren. Zur gleichen Zeit hatte ein Huicholschamane in einem nahegelegenen Dorf einen Traum von mir und meinem Zustand und schickte einige Männer aus, um mich zu retten. Kurz darauf wurde ich in das Dorf von Don José Matsuwa gebracht.

Don José war einer der angesehensten und geachtetsten Huichol-Schamanen, Heiler und Zeremonienmeister dieses Jahrhunderts. Er ist dreizehn Mal zu Fuß auf die Peyote-Pilgerschaft nach *Wirikuta* gegangen – eine Strecke von 250 Meilen. Außerdem ging er auf viele Visionssuchen, um von den Göttern zu lernen. Eine dieser Visionssuchen dauerte 15 Tage ohne Essen und ohne Trinken. Don José ist weit über das Huicholgebiet hinaus bekannt für die unzähligen, erfolgreichen Heilungen, die er durchgeführt hat. Er hatte ebenfalls einen Traum – eine Vision, daß er mich lehren würde, so daß ich die Huichol-Tradition fortführen könne. Don José adoptierte mich als seinen Enkel und lehrte mich in einer 12-jährigen Lehrzeit. Als einziger Weißer vervollständigte ich eine traditionelle schamanische Lehrzeit. Mein Großvater Don José ließ mich hart arbeiten. Ich war ein Außenseiter, und so mußte er meine Ausbildung noch schwieriger gestalten als für einen geborenen Huichol, um zu beweisen, daß ich die Fähigkeiten habe.
Wenn er mich z. B. beobachtete, während ich eine Zeremonie leitete, verbesserte er mich, sobald ich irgendetwas falsch machte. Dies war manchmal peinlich, aber er sagte, daß er das tun müsse, damit ich mich nicht verirre.
Am Ende meiner Lehrzeit verkündete Don José, daß er mich an seiner Stelle hinterlassen würde. Er führte eine spezielle Zeremonie durch, um mir seine Kraft zu übertragen, und gab mir den Schamanengürtel seiner Familie, den er einst von seinem Großvater bekommen hatte.
Er beauftragte mich, die heilige Tradition des Huichol-Schamanismus in die Welt zu tragen mit den Worten: "Hilf allen Menschen und der Heilung von Mutter Erde."
So lernte ich diese wunderschöne Tradition kennen. Und ich lerne noch immer.
Die Huichols sind ein Stamm von vielen Schamanen. In früheren Zeiten, sagen sie, gab es in jeder Huicholfamilie mindestens einen Schamanen (*mara akame*). Das ist heute nicht mehr so, aber es gibt noch immer einige Schamanen in der Huichol-Sierra. In dieser Tradition können sowohl Männer als auch Frauen Schamanen werden. Ihre Ausbildung ist praktisch die gleiche. Sie können lernen, Krankheiten zu heilen, oder die zeremoniellen Gesänge für das Wohlbefinden der Erde und der Menschen zu singen. Bevor ein Schamane zu heilen beginnt, betet und reflektiert er sehr viel. Ein Schamane wird nach seinem Erfolg beurteilt, und wenn du als Heiler bekannt wirst, gehört dein Leben nicht länger dir.

Schamanen heilen, indem sie den Hirschgeist, unseren älteren Bruder *Kaujumari*, rufen. Die Huichols sagen, daß kein Mensch allein heilen kann; nur durch den Geist des Hirsches sind wir dazu in der Lage. Wir verwenden unsere *Muvieries* oder Federstäbe wie einen Röntgenapparat und versuchen herauszufinden, wo sich im Energiefeld der zu behandelnden Person sogenannte Löcher befinden. Wir suchen nach der Krankheit und schauen, woher sie kommt. Wenn ein Schamane sich einen Menschen ansieht, sollte dieser "klar" aussehen. Wir rufen den Hirschgeist zu Hilfe, um unser *Nierica* (Verbindung zu den Göttern) zu öffnen. So erschaffen wir einen Zustand der Trance, um das *Nierica*/Herz des Schamanen und das Herz/*Nierica* der zu heilenden Person zusammenzubringen. Wir saugen die Krankheit aus, und manchmal erscheint sie in Form eines Knochens oder als Stein. Dann füllen wir die dunklen Stellen mit der Liebe von Mutter Erde. Der Schamane hört dem Geist des Hirsches zu, denn dieser sagt ihm, was notwendig ist.

Das Symbol des Herzens ist der Hirsch. Der Hirsch, das Herz, die Intuition haben alle die gleiche Bedeutung. Wir bitten den Geist des Hirsches darum, in unser Leben zu kommen, um uns unseren Weg zu zeigen. Er wird uns in Träumen, in Visionen oder im Feuer erscheinen. All dies ist Teil der Lebensform der Huichols, des Weges der Selbstfindung. Der Hirsch hilft uns, unseres Herzens bewußt zu werden, und wenn wir aufmerksam sind, werden wir wissen, wohin wir gehen müssen.

Die Huichols sagen: "Finde die Stille, höre auf Dein Herz und lausche dem Hirsch." Schamanen müssen zunächst ihr eigenes Herz und ihr Leben heilen, bevor sie beginnen, andere zu heilen. Ein Schamane muß seine Verbindung zu Mutter Erde finden. Um über die Verbindung zwischen Himmel und Erde zu erfahren, trug Don José mir auf, 1000 Sonnenaufgänge und 1000 Sonnenuntergänge zu beobachten. Später wird die persönliche Verbindung zu den Elementen allmählich eine Verbindung mit der Lebensgemeinschaft. Die Schamanen können nicht ohne ihre Gemeinschaft sein. Ihre Laufbahn basiert auf ihrem Ruf. Wirken ihre Heilungen? Sind ihre Zeremonien kraftvoll? Sind sie gute Eltern und gute Menschen? So sollte man, wenn man ein Schamane werden möchte, bei sich selbst beginnen. Man muß auf liebevolle Art und Weise arbeiten. Das bedeutet, Mutter Erde zu lieben und zu lernen, mit den Steinen, den Tieren, den Pflanzen sowie den Kraftplätzen zu kommunizieren. Es ist wichtig, erstens sich selbst zu heilen, zweitens heilt man seine Gemeinschaft und drittens ehrt man die Erde und alles Leben. Das ist nicht so einfach. Aber unsere Beziehungen sind da, um uns zu helfen. Am schnellsten geht es mit einem Schamanen, der dich ausbildet. Aber wie ich schon erwähnt habe, dauerte meine Lehrzeit mit Don José 12 Jahre, und ich lerne heute noch immer. Ich habe seit meiner Ausbildung viele Heilungen durchgeführt. Viele von ihnen wurden wissenschaftlich dokumentiert, einschließlich derjenigen, die ich für meine Frau Barbara machte. Als ich sie das erste Mal traf, war sie sehr krank und litt an einer Form von Hepatitis. Sie bat mich, eine Huichol-Zeremonie abzuhalten, und der Hirschgeist half mir, sie vollständig zu heilen. Aber es gab auch noch viele andere dokumentierte Fälle, in denen mir die Götter halfen, Menschen von lebensbedrohlichen Krebsgeschwüren, Herz- und Lungenkomplikationen und vielen anderen Krankheiten zu heilen.

Während meiner Lehrzeit schickte mich Don José auch auf viele Visionssuchen. Er sandte mich für mehrere Tage zu bestimmten Kraftplätzen ohne Essen und ohne Wasser.

Eine meiner kraftvollsten Visionssuchen verbrachte ich in der Höhle von Großmutter Wachstum (*Takutzi Nakawey*). Die Huichols gehen besonders gerne in Höhlen, denn dort befindet man sich direkt im Schoß von Mutter Erde. Man kann dort ihre Kraft direkt spüren und aufnehmen. Don José lehrte mich: "Lerne die Sprache dieser Höhle, höre auf das, was sie dir erzählt." Aufgrund der Vision, die ich dort bekam, habe ich besonderes Glück bei der Heilung von Frauenkrankheiten.

Das Feuer (*Tatewari*/der erste Schamane) kann uns ebenfalls lehren, aber das dauert länger. Wenn wir in das Feuer schauen, dann ist das unser Großvater, der uns verschiedene Dinge erzählt. Wenn wir singen, ist es der Hirsch, der uns die Gesänge ins Ohr flüstert. Schamanismus ist nicht immer ein leichter, dafür aber ein wunderschöner Weg.

In den Zeremonien laden die Schamanen die Geister ein, in den heiligen Kreis zu kommen, um das Leben zu feiern. Indem sie singen, rufen sie nach den Göttern aus. Wir sehen die Menschen als Spiegel der Götter. Wir sind ihre Spiegelbilder und leben hier in der Mittelwelt zwischen Himmel und Erde. Es ist unsere Aufgabe, die Balance in der Welt zu bewahren. Wir arbeiten mit dem Großen Geist, um zu gewährleisten, daß die Sonne immer wieder aufgeht und der Regen kommt, um das Herz von Mutter Erde (*Tate Yurianaka*) als auch die Herzen der Menschen zu befruchten.

Schamanen sind wie eine Brücke zwischen den Welten. In dem außergewöhnlichen Zustand erhöhten Bewußtseins sehen wir mit den Augen des Adlers und schlagen die Trommel, die zum magischen Hirschgeist (*Kaujumari*) wird. Wir führen die Menschen durch das *Nierica* – den Durchgang zwischen den Welten –, der uns zu Kraftplätzen bringt.

Es gibt überall in der Huichol Sierra Kraftplätze – Plätze, wo sich die alten Vorfahren, die Götter und Göttinnen der Schöpfung, in wunderschöne Höhlen, Quellen und Berge verwandelt haben, um der Erde Kraft zu geben und den Menschen die Möglichkeit zu bieten, von ihnen zu lernen. In jeder Zeremonie reisen wir zu diesen heiligen Kraftplätzen (*Kakujaris*). Für uns sind sie noch immer lebendige Wesen.

Auch heute unternehmen wir noch Pilgerschaften zu diesen Kraftplätzen, um uns selbst, die Erde und unsere Gemeinschaft zu heilen. Heilung ist ein Lebensweg – etwas, das wir ständig praktizieren sollten, nicht nur wenn wir krank sind. Deshalb nennen die Huichols sich selbst *Virarica*, die heilenden Menschen. Um in Balance zu bleiben und unser Wohlbefinden zu sichern, müssen wir bewußt mit allem Leben in Verbindung bleiben und unser Leben in allen Dingen erkennen.

Wir gehen zu heiligen Kraftplätzen und hinterlassen Opfergaben. Wenn wir zu einer Pilgerschaft aufbrechen, gehen wir als ein Herz. An jedem Platz, zu dem wir gehen, hinterlassen wir Opfergaben – Schokolade (Liebe für Mutter Erde), eine Kerze (für Licht), eine Münze (für Glück) und einen Gebetspfeil –, verbunden mit einem Wunsch für unser Leben und um diesen Platz zu ehren.

Wenn wir an einem Kraftplatz ankommen, beten wir. Wir beten laut... Unsere Gebete wecken die Götter auf und machen sie auf uns aufmerksam. Sie können sich nicht abwenden, wenn jemand mit guten Absichten betet. Wir sagen, daß der Hirschgeist durch uns betet. Er flüstert uns die Gebete ins Ohr. Als menschliches Wesen ist es unsere Verantwortung zu beten. Nicht nur für uns selbst und unsere Familien, sondern auch für die Erde, die vier Jahreszeiten und die Götter. Don José sagte immer, daß es neun Jahre dauert, um richtig beten zu lernen. Wenn man auf Pilgerschaft zu einem Kraftplatz geht, ist es gut, fünf Jahre lang einmal jährlich zu demselben Platz zurückzukehren, um dessen volle Kraft zu bekommen. Jedesmal gehen wir zurück, um diese Kraft aufzufrischen.

Auch wenn es viele Jahre her ist, entsinne ich mich noch gut daran, wie es war, neben Don José zu sitzen, während er eine Zeremonie leitete. Ich erinnere mich, wie es war, Lehrling zu sein, und an all die Anstrengungen. Auch an Don Josés Kraft und Liebe kann ich mich erinnern. Ich denke daran, wie es war, jeden Tag mit ihm zu reden und zu lachen; zu lernen, Zeremonien zu leiten und auf Pilgerschaften zu Kraftplätzen in die Berge, zum Meer und nach *Wirikuta* zu gehen. Don José und ich haben diese heilige Reise zwölfmal zusammen unternommen.

Jedes Jahr in der Trockenzeit machen kleinere Gruppen die 250 Meilen weite Pilgerschaft nach *Wirikuta*, dem Land der Götter, dem Platz von Raunasha (dem Berg, an dem die Sonne geboren wurde). Die Huichols bezeichnen diese Pilgerschaft als das freudigste Ereignis im Leben. Wir besuchen das Land, in dem die Götter geboren wurden. Diese scheinbar unfruchtbare Wüste ist für uns das Paradies.

Wenn wir aufbrechen, lassen wir unser Menschsein hinter uns. Wir gehen, wie die Götter vor uns gingen. Und wir erinnern uns, daß wir Spiegelbilder der Götter sind und daß unser Leben heilig ist. Großvater Feuer (*Tate Wari*) führte die Götter auf ihre erste Pilgerschaft. Don José führte uns auf dieselbe Art und Weise.

Wir gehen nach *Wirikuta*, um für unser Leben und alles Leben zu beten. *Wirikuta* ist das heilige Land, und jedesmal danken wir den alten Vorfahren, daß wir in der Lage waren, ein weiteres Jahr zurückzukehren. Wir nehmen nichts als selbstverständlich hin. Wenn wir in *Wirikuta* sind, spricht Großvater Feuer zu uns und teilt uns seine Weisheit mit. Die Geister dieses Platzes sprechen zu uns in unseren Träumen, und die Pilger, die dazu in der Lage sind, tanzen die ganze Nacht hindurch, um ihr Leben zu feiern. Wenn wir ins Dorf zurückkehren, versuchen wir weiterhin, ein heiliges Leben zu leben und unser Leben wie eine Zeremonie zu gestalten. Don José sagte oft: "Letzte Nacht hatten wir Visionen, wir reisten mit den Göttern, heute aber geht's zurück ins Maisfeld."

Lernt beweglich zu sein wie die Huichols. Bewegt euch leicht zwischen dem Göttlichen und dem Alltäglichen, zwischen Arbeit und Zeremonie. Man sollte sich immer in seiner Mitte befinden. Dann kann man in der Welt sein, ohne aber in ihr gefangen zu sein. Für die Huichols bedeutet Schamanismus nicht nur bestimmte Mythen oder ein paar festgelegte Zeremonien während des Jahres. Es ist ein Lebensweg. Wir beten jeden Morgen zum Feuer, wir beten jeden Abend für gute Visionen. Wir suchen jeden Tag nach Möglichkeiten, die Welt zwischen uns und den Göttern und Göttinnen zu balancieren. Wir sind bewußt mit der natürlichen Welt verbunden, miteinander und mit der gesamten Schöpfung. Wir erkennen unsere Verantwortung als menschliche Wesen auf der Erde. In dieser Tradition ist niemand allein.

Das ist einer der Gründe, warum ich 1979 mit Don José die "Dance of the Deer Foundation - Zentrum für schamanische Studien" gründete. Es ging darum, die Vision und die Inspiration meines Großvaters weiterzutragen. Don José hatte die Vision, daß ich die Huichol-Tradition Menschen in der ganzen Welt lehren würde. Dieser Vision folgend wußte er, daß es wichtig sein würde, eine Ankündigung zu machen. Und das tat er, vor einer englisch-indianisch gemischten Gruppe in den USA (unter anderem in der Sonom State University und dem Cabrillo College in Kalifornien) und auch in Europa.

Als er 1990 im Kreise seiner engsten Familie und Donna Josefa verschied, diktierte er kurz vor seinem Tod einen Brief, um noch einmal zu wiederholen, daß es seine Absicht sei, mich an seinem Platz zu hinterlassen. Ich solle Zeremonien leiten, heilen und die Huichol-Tradition fortführen, wie er es tat. Dieser Brief, den ich immer mit mir trage, sagt in Auszügen: "Ich grüße Dich... Ich hinterlasse Dich an meinem Platz. Sage Deinen Leuten, sie sollen beten und dem Hirschgeist bis in ihr Herz folgen."

Ein anderes Ziel der Stiftung ist, für eine eigenständige wirtschaftliche Basis der Huichols zu sorgen, ihnen zu helfen, den Auszug in die Tabakfelder und die Städte zu verhindern, und sie darin zu unterstützen, ihre schamanische Tradition am Leben zu erhalten. Deswegen geht der Großteil aller Einnahmen der Foundation direkt zurück zu den Huichols in Don Josés Dorf und zu verwandten Familien in anderen Dörfern. Wir planen außerdem spezielle Projekte, um den Huichols zu helfen, in den nächsten Jahren wirtschaftlich unabhängig zu werden.

Trotz der Übergriffe der modernen Welt in den letzten 20 Jahren bin ich sicher, daß die Huichol-Tradition, die bemerkenswert beweglich ist, weiterbestehen wird. Don José sagte immer: "Solange die heiligen Traditionen fortbestehen, wird auch die Welt fortbestehen."

Es gibt immer Veränderungen, und wir entwickeln uns ständig weiter. Aber es gibt einige Dinge, die gleich bleiben. Ich bin mir sicher, daß die Schamanen weiterhin die Menschen führen werden, wie sie es seit Jahrhunderten getan haben. Ich bin sicher, daß das Volk der Huichols fortfahren wird, Zeremonien abzuhalten, um die Balance von Himmel, Erde und Herz zu bewahren.

William Torres

WEGE DER EINWEIHUNG

Von Fabio Ramirez

William Torres' Großmutter mütterlicherseits stammte einerseits von der Ethnie *Panche* ab, einem indianischen Volk, das nicht mehr existiert, und andererseits von den *Boquerón de Sumapaz*, die die Täler des Magdalena zwischen Girardot und Puerto Salgar bewohnten. Sein Großvater mütterlicherseits lebte für einige Zeit mit ethnischen Gruppen im Putumayo zusammen, bevor er seine Großmutter heiratete. Dort begann er, Yagé (*Banisteriopsis Caapi*) einzunehmen. Er erlernte den Umgang mit Heilpflanzen, und ihm wurde die Fähigkeit, Schlangenbisse zu heilen, übertragen. Als kleines Kind war es für Torres ein Vergnügen, den Erlebniserzählungen, die sein Großvater weitergab, zuzuhören. Dieser erzählte über die Wesen des Waldes: Jaguare, Anakondas, Kaimane, Geister von Schamanen. Der junge Torres hörte ihm begeistert zu und versprach, als Erwachsener diese Orte kennenzulernen und von den Indianern zu lernen.

William Torres studierte bereits einige Semester Anthropologie an der Universidad Nacional de Columbia, als im Jahre 1978 auf dem schwarzen Brett ein Anschlag zu lesen war, daß das "Instituto Geográfico Agustin Codazzi" für das "Proyecto Radargramétrico des Amazonas" zwei Anthropologiestudenten benötigte, die als Assistenten bei einer Arbeit im Gebiet der Flüsse Cothué Putumayo und Igar-Paraná helfen sollten. Nachdem er die Anzeige gelesen hatte, wandte er sich umgehend an das Institut. Er war erstaunt, als er sah, daß alle Studenten der anthropologischen Fakultät sich nach dieser Exkursion erkundigten. Doch sein Ziel stand fest: Er würde die

Reise machen und würde auch als einer der beiden Assistenten gewählt werden. Er sprach mit der Interviewerin mit solcher Überzeugungskraft, daß sie ihn im Anschluß daran als Bewerber akzeptierte, obwohl der Leiter des Instituts schon einen anderen Kandidaten ausgesucht hatte. Daraufhin exmatrikulierte er sich, und wenige Tage später fuhr die Forschungsgruppe durch die Flußarme des Amazonas. Sie besuchten die Dörfer Boras, Cocamas, Muinanes, Ticunas, Uitotos. Die Entfernungen zwischen den Dörfern waren manchmal sehr groß: Einmal sahen sie drei Tage lang kein einziges Haus am Ufer. Sie waren sehr müde, weil sie die Tage und die Nächte auf dem Schiff zugebracht hatten. Am Abend des dritten Tages kamen sie in eine Maloka der *Boras*-Indianer im Dorf La Enea. Die anderen Teilnehmer der Reise, die auch übermüdet waren, nahmen das Angebot an, die Hängematten zu nehmen und sich hinzulegen, nachdem sie eine köstliche Mahlzeit, bestehend aus einer scharfen Fleischbrühe und Casabetorte, eingenommen hatten.

Er sah, daß zwei Greise vor einem Lagerfeuer saßen und ihre Körperhaltung ließ an ein Ritual denken. Sie kauten Koka (*Erythroxilon coca*) und unterhielten sich in ihrer Sprache. Zwei oder drei junge Indianer setzten sich in ihre Nähe, und die alten Männer reichten ihnen Ambil (Tabakhonig *Nicotina Tabacum*) und Kokamambe.

Torres war beeindruckt, und das bewirkte, daß er die Müdigkeit vergaß und sich dem rituellen Geschehen näherte. Er fragte einen der Alten, ob er sich dazu setzen dürfe. Die Indianer besprachen sein Anliegen in ihrer Sprache und forderten ihn anschließend in ihrem eigenwilligen Spanisch auf, sich dazu zu setzen. Glücklich über ihre Zustimmung nahm Torres Platz an der Stelle, die sie ihm zugewiesen hatten. Anschließend wurde ihm Ambil und Koka angeboten. Erneut unterhielten sich die Männer über ihn in ihrer Sprache, wie er den Gesten und dem Verhalten entnehmen konnte. Dann setzten sie ihr früheres Gespräch fort, wenn ihre Unterhaltung überhaupt als Gespräch bezeichnet werden konnte.

Während einer der Greise einen langen Monolog hielt, war sein Mund mit grünem Mambe-Pulver gefüllt, der andere Greis begleitete dessen Rede mit regelmäßigem "jm, jm, jm". Alle anderen hörten still zu. Torres war von diesen Worten des Alten in einer ihm unbekannten Sprache wie betäubt. Um Mitternacht gingen die jungen Indianer schlafen. Die Alten blieben und fragten ihn, ob er müde wäre. Er war nicht müde! Er war fasziniert von den Worten, die in seinen Körper eindrangen.

Die Nacht war sehr kalt, aber das Lagerfeuer wärmte sie. Einer der Alten brachte Körner der Umari-Frucht (*Poraquetba serioea*) an das Feuer. Die Körner ließen den ganzen Raum im Feuerschein erglühen, und das Feuer strömte wärmend in seinen Körper, als er die feuchtwarme Luft einatmete. Auf einmal nahm Torres wahr, daß er die Sprache der Alten verstehen konnte, und gleichzeitig sah er einen der Arme der alten Indianer als den Ast eines Busches, der den Worten Nachdruck verlieh. Der Ast, der Arm, die Hand, alle regten sich im Rhythmus der Worte.

Der Großvater sagte in seiner Sprache, daß er jetzt seine Worte verstehen konnte, daß diese die Botschaft der Koka seien, daß diese Worte "Wissen" bedeuten. Sie sprachen nicht irgend etwas, sondern das, was ihnen die Ältesten beibrachten, und sie gestanden ihm jetzt dieses Erlebnis zu, da sie sein großes Interesse sahen. Es wurde ihm schwindelig von den Worten, vom Ambil, von der Koka und dem Rauch des Kornes, und von da an fühlte er sich zum Erlernen der indianischen Weisheit berufen. Eine weitere Einladung erfolgte an anderer Stelle. Im folgenden Jahr arbeitete er an einem Forschungsprojekt des "Instituto Colombiano de Antropología" in der Sierra Nevada de Santa Marta mit den Großen Geschwistern, den Kogis. Das Projekt wurde mit Hilfe der Finanzierung des "Instituto Colombiano de Bienestar Familiar" während der Jahre 1980 - 1981 fortgesetzt.

Die Sierra Nevada de Santa Marta ist ein heiliges Gebiet, in dem der rituelle Umgang mit dem Ambil und der Koka gepflegt wird. Sowohl im Amazonasgebiet als auch hier ist das Tabakambil das Blut, das den Körper vom Kern-Tabak-Feuer-Herz aus durchläuft, von wo die Empfindsamkeit ausgeht. Und die Koka ist die Pflanze, die das Wort/Wissen ermöglicht, indem man das Wissen mit dem Pflanzensaft aufnimmt. Im Amazonasgebiet wird das Wissen im Körper/Korb aufbewahrt, in dem Ausmaß, in dem der Körper zum aufnehmenden Korb wird. In der Sierra Nevada, dem heiligen Gebirge, wird die Koka im *Poporo* aufbewahrt (*Sugalo*, in der Sprache der Kogis), dem aktiven, weiblichen Teil des männlichen Körpers.

Eines Tages saß Torres am Eingang seiner Hütte. Eine Gruppe mit drei Frauen und zwei Kindern kam zu ihm und lud ihn ein, Koka zu sammeln. Er stand auf und ging mit der Gruppe. Sie erreichten eine terrassenförmige archäologische Ausgrabungsstätte, auf der die Koka wuchs. Die Frauen stellten ihre Körbe auf den Boden und baten ihn, mit der Sammlung des Kokablattes anzufangen. Er sagte ihnen, daß gemäß seiner Kenntnisse er die Koka nicht einsammeln dürfe, denn Männer sollten diese heilige Pflanze nicht anfassen. Die Frauen lachten und forderten ihn auf, es dennoch zu tun. Er nahm eine Harke, die sie mitgenommen hatten und entfernte das Unkraut.

Nach einer Weile setzte sich Torres hin und ruhte sich aus, während die Frauen und die Kinder weiter das heilige Blatt ernteten. Er saß unter einem Kokabusch und beobachtete ihn. Plötzlich erregte eine "Mantis Religiosa", die sich auf dem Stamm bewegte, seine Aufmerksamkeit. Er rief eine Frau, die Jüngste, und fragte sie nach dem Namen der "Mantis" in ihrer Sprache. Sie wandte sich zu den anderen Frauen, und sie begannen in ihrer Sprache zu reden, und erwähnten ständig die Wörter "*Mama Dengo*", was er für den Namen der "Mantis" hielt. Aber wegen des Wortes *Mama* fiel ihm ein, daß es sich um ein heiliges Wesen schamanischen Charakters handeln konnte.

Während sie sprachen, beobachteten die Frauen ihn erstaunt. Nachdem er weiterhin das Unkraut entfernte und wieder ausruhte, beobachtete er erneut den Kokabusch und sah eine graue Grille, die in Tarnstellung auf einem Ast saß. Er fragte erneut nach dem Namen des Wesens, und die Frauen schienen überrascht zu sein. Der Name war, so sagten sie, "*Haba Ajuashkala*". Jetzt schauten sie Torres mit größtem Erstaunen an; ihre Haltung und ihre Art zu sprechen verrieten Begeisterung. Abermals fand er es aufschlußreich, daß sie einen heiligen Begiff benutzten, um die Grille zu bezeichnen: *Haba* ist das Wort, welches in der Sprache der Kogis "Mutter" bedeutet.

Sie beendeten das Sammeln der Kokablätter und alle kehrten zum Dorf Luaka der Kogis zurück. Den ganzen Nachmittag über beunruhigte Torres die Tatsache, daß diese Tierchen heilige Namen hatten. Seine Begeisterung wuchs, als er am Abend einen Korb gefüllt mit gerösteter Koka bekam, zusammen mit einer Einladung zu einem Mama, um Mambe einzunehmen. In der Hütte eines Schamanen bot ihm dieser von seinem Ambil an und deutete auf einen Platz vor ihm. Er sagte zu ihm, daß es ihm bekannt wäre, daß ihm die Vorfahren der Koka vorgestellt worden waren. *Mama Dengo* und *Haba Ajushkala* hatten die Formen der "Mantis" und der Grille angenommen, nachdem die Koka vom Kolibri an die Menschen weitergegeben worden war. Sie waren Wächter der Kokaplantagen in den alten Terrassen, aber es war ungewöhnlich, daß jemand sie sah, umso mehr, als es sich um einen "jüngeren Bruder" handelte, den sie *Yalyi* nannten. Dieses war ein Zeichen dafür, daß Torres ein *Poporo* war und den Zutritt zum Umgang mit der heiligen Pflanze bekommen durfte. Der Schamane meinte weiterhin, daß er zu den Indianern zurückkehren sollte, um bei ihnen den Umgang mit den heiligen Pflanzen zu erlernen, da er erst ein "jüngerer Bruder" war.

Im folgenden Jahr bekam Torres die Gelegenheit, in das Amazonasgebiet zurückzukehren. Er kam zur Maloka des Muinane Großvaters José García. In seiner Sprache hieß er *Sioratequi*. Die Maloka lag sieben Kilometer von Leticia entfernt, der Hauptstadt des Departamento del Amazonas in Kolumbien. Als er ankam und dem Großvater sein Interesse für das Erlernen des Koka- und des Tabakwissens zeigte, starrte der alte Mann ihn an und sagte: "Wenn Sie hierher gekommen sind, um zu "forschen", kann es Sie zehntausend Pesos für eine Stunde kosten. Ich kann das Aufnahmegerät bedienen, und so müssen Sie sich nicht die Nacht um die Ohren schlagen. Aber wenn Sie gekommen sind, um zu erlernen und zu probieren, können Sie solange bleiben, wie Sie wollen, und zurückkommen, wann Sie wollen. Wenn Sie bei uns lernen und probieren, kostet es nichts. Sie haben nur bei der Arbeit in der Maloka zu helfen." Zehn Jahre lang besuchte Torres den Großvater, um Einfühlung und Wissen zu erlernen, bis zu dem Tag, an dem sie sich verabschiedeten und er abreiste, um den Yagé in dem Valle de Sobundoy zu treffen. Am selben Tag führte ihn der Großvater zu seiner *Chagra* (Gemüsegarten), um ihm das richtige Sammeln von Koka beizubringen. Im Amazonasgebiet muß diese Arbeit, im Gegensatz zur Sierra Nevada, von Männern durchgeführt werden, und am selben Tag begann sein Lernprozeß über die schamanische Anwendung dieser heiligen Pflanze, neben dem Tabak.

1985 hatte Torres die Gelegenheit, in das Gebiet, das man als Araracuara kennt, zu reisen. Das Gebiet liegt am Caquetá-Fluß im Amazonasgebiet, und dort lernte er den Uitoto, Großvater der Enokayi, Óscar Román (Mafafa Roja), kennen, der sein zweiter Lehrmeister auf dem Gebiet der Heilpflanzen wurde.

Ab diesem Jahr besuchte Torres abwechselnd die Orte des Mambeo der beiden Großväter im Wald. Großvater Óscar führte ihn zusätzlich in den Umgang mit anderen schamanischen Pflanzen, wie zum Beispiel der Nimaira, ein. (Nimaira heißt "Pflanze des Wissens" und gibt dem Uitoto Schamanen "Nimairaima" den Namen. Diese Pflanze ist noch nicht botanisch bestimmt worden.) Andere Pflanzen sind die Jayena

("Pflanze der Erleuchtung", auch nicht botanisiert), das Ukue (*Virola thedotora*) und das Unasi (eine Sorte des Yagé, die geraucht wird).

Im März 1991 befand sich Torres in der Stadt Pasto (Departamento de Nariño in Kolumbien) und erfuhr, daß sich auf dem Marktplatz von Potrerillo, auf dem von Dos Puentes, außerhalb des Einkaufszentrums von Bombóna und in der Nähe der Kirche La Mechita, eine Gruppe von Verkäufern von Pflanzen und rituellen Gegenständen aufhielt. Sie waren Händler, die vom Valle de Sibundoy kamen, bei denen man Yagéflaschen für den damaligen Preis von sechstausend Pesos erhalten konnte. Einem von ihnen kaufte Torres eine Flasche ab, um sie dem Großvater José García und seinem Lehrer Muinane zu schenken. Als er bei Großvater García mit dem Geschenk ankam, fragte ihn der Alte: "Was für ein Yagé ist dieser? Mit welchem Gebet nimmt man ihn ein?" Da Torres auf diese genauen Fragen keine Antworten fand, wies ihn Großvater García darauf hin, daß es unmöglich sei, Yagé zu trinken, ohne zu wissen, um welchen es sich dabei handelt, und ohne zu wissen, durch welches Gebet, welche Beschwörung oder welchen Gesang er angerufen werden muß. Der alte Mann bedankte sich bei Torres und behielt das Geschenk, indem er sagte, daß man es leider nicht verwenden könnte, da sie keine genaueren Angaben darüber hätten, und betonte gleichzeitigt, daß es das letzte Mal war, daß Torres seine Lehren in Erfahrung bringen durfte. Torres bat ihn um die Möglichkeit, daß er ihn in den Umgang mit dem Yagé einführe, aber es sei unmöglich, sagte Großvater García, weil er sich vorbereite, seinen Körper zu verlassen, und dies würde innerhalb der nächsten drei Monate geschehen. Trotzdem meinte er, daß er ihn für die Begegnung mit dem Yagé vorbereiten konnte.

Eines Tages bereitete der Alte eine Menge Tabakhonig (Ambil) zu, mit der er einen großen Topf füllte. Nachts, in der Maloka, sagte er zu Torres, er würde die eine Hälfte trinken, die andere wäre für ihn. Nachdem Großvater García seinen Teil eingenommen hatte, reichte er Torres den Topf und meinte, daß er seinen völlig austrinken sollte, was auch immer geschehen würde. Schon nach dem zweiten Schluck wurde Torres schwindelig, und gleichzeitig floß kalter Schweiß an seinem Körper herab. Er bekam Brechreiz und fühlte ein starkes Verlangen nach einer Erklärung. "Halte aus, trinke es aus", befahl ihm Großvater García. Mitten im stärksten Rauschzustand schaffte es Torres auszutrinken. Dann fiel er in Ohnmacht. Nach einer Weile kam er wieder zur Besinnung, nachdem er zahlreiche bunte Figuren und Formen gesehen und mosaikbedeckte Tunnels durchquert hatte.

Der Großvater heilte, pustete und beschwor ihn. Torres richtete sich auf, und der Alte sagte ihm, daß er den Ort, an dem er dem Yagé begegnen sollte, schon gesehen hätte. "Du mußt zu den Sebundoyes gehen. Dort kommst du zum Haus eines Alten, und bei deiner Ankunft wird er dir sagen: 'Ich habe auf dich gewartet.' Das ist das Zeichen. Nur bei ihm sollst du trinken, bei keinem anderen."

Einige Monate danach kam Torres nach Pasto zurück und erkundigte sich bei Freunden über Schamanen des Yagé im Valle del Sibundoy. Er hörte von vielen, aber einer ließ ihn besonders aufmerksam werden. Sein Name war Martín Agreda und bewohnte die Vereda Tamabioy des Dorfes Camëntsá in Sibundoy (Departamento del Putumayo in Kolumbien). Derjenige, der ihm davon erzählte, kannte ihn nicht persönlich, wußte aber, daß er ein sehr edelmütiger Mann war. Ohne mehr darüber erfahren zu haben, machte Torres sich an einem Samstag auf den Weg zum Dorf Sibundoy, auf der Suche nach dem Taita. Dort angelangt, ging er in einen Park, setzte sich hin, zündete eine Zigarette an, die Großvater García mit Beschwörungen bedacht hatte, um am Rauch des Tabaks zu lesen, wen er für genaue Angaben über den Weg zu Taita Martín Agredas Haus auf der Vereda Tamabioy fragen konnte. Viele Fußgänger kamen vorbei, aber keinem vertraute er.

Plötzlich erschien ein Mann, der seine ganze Aufmerksamkeit erregte. Er trug die vollständige traditionelle Kleidung der Camëntsas, war barfuß, aber seltsamerweise viel größer als die meisten Menschen dieser Ethnie, und hatte außerdem eine weiße Hautfarbe und blaue Augen. Torres atmete seinen Tabak ein und betrachtete den Unbekannten durch den Rauch. Vertrauensvoll ging Torres auf ihn zu, und nachdem er ihn begrüßt hatte, fragte er ihn, ob er Taita Martín kannte und ihm den Weg weisen konnte. "Natürlich", sagte der Mann, "er ist mein Arzt. Es ist sehr einfach, zu ihm zu kommen. Nehmen Sie einen Wagen und sagen Sie dem Fahrer, er soll Sie zu ihm fahren. Alle wissen, wo er wohnt." Torres fragte ihn auch nach dem voraussichtlichen Preis für die Fahrt bis dahin, worauf er folgende Antwort bekam: "Je nach Zorn des Fahrers. Er könnte sowohl zweitausend wie auch dreißigtausend verlangen oder könnte sogar nichts wollen. Hier hat man keine festen Gebühren. Das richtet sich nach dem Zorn des Mannes". Er schaute Torres fest an und schlug vor, ihn zum Marktplatz zu begleiten, um dort einen Wagen zu suchen.

Nachdem sie an mehreren Getreidespeichern vorbeigekommen waren, ließ der Mann Torres vor dem letzten Laden warten und ging einen Wagen suchen. Nach kurzer Zeit kam er mit einem neuen Auto, einem Ranger, zurück und holte ihn ab. Außerhalb des Dorfes gab es einen Polizeiposten, wo sie angehalten wurden. Der Oberleutnant grüßte sie mit den Worten: "Don Silvestre, Sie haben immer neue Begleitung." "Ah, der Herr ist ein Freund. Er ist Lehrer an der Universität." Sie durften dann weiterfahren. Es erschien Torres seltsam, daß Don Silvestre eine derartige Antwort geben konnte, hatte er ihm doch weder etwas über seine Arbeit noch über sich selbst erzählt.

Torres dachte über diese seltsame Erfahrung nach und wollte Don Silvestre schon fragen, warum er eine derartige Antwort geben konnte, als das Auto stehenblieb und dieser ihn aufforderte, jetzt auszusteigen und den Weg, den er ihm zeigte, geradewegs zurücklegen. Bei den Häusern, die man in der Ferne sah, würde man ihm das Haus Taita Martíns zeigen, sagte er. Torres bedankte sich bei seinem Begleiter für dessen Höflichkeit und fragte, wieviel er ihm schuldete. "Habe ich Ihnen nicht gesagt, daß der Preis vom Zorn abhängen würde? Ich habe keine Wut. Es kostet nichts", antwortete er. Da bedankte sich Torres erneut und nahm den gezeigten Weg. Nur nach wenigen Schritten mußte er sich umdrehen. Eine Frau kam, die eine Menge Brennholz trug, kam heran. Er wartete auf sie, indem er langsamer ging, damit sie ihn einholen konnte. Als sie ihn erreicht hatte, begrüßte er sie und fragte sie nach dem Haus des Taita Martín. Sie antwortete, daß sie seine Frau wäre und daß sie gerade nach Hause ginge. Als sie ankamen, stand der Taita auf dem Hausflur und stützte sich auf ein Geländer. Er begrüßte Torres, indem er sagte: "Willkommen. Ich warte auf Sie. Kommen Sie herein und ruhen Sie sich aus." Der Gruß lautete genauso, wie Großvater García vorhergesagt hatte, daß er sein würde und er dort seinen Lernprozeß mit dem Yagé beginnen sollte. Torres sagte zu dem Taita, daß er vorhatte, Yagé zu trinken, und fragte, ob dieser ihm gleich diese Nacht etwas geben konnte. "Gerne", sagte der Mann und lud ihn ein, seinen Heilpflanzengarten kennenzulernen.

In der Nacht waren die Erlebnisse mit der *Ayahuasca* fabelhaft. In anderen Visionen war Torres von vielen Schamanen aus der Vorzeit begleitet, und mitten in der Trance lernte er einen Ort im Wald kennen, wo an einem riesigen Baum die heilige Liane emporkletterte. Bei Tagesanbruch sagte der Taita zu ihm, daß ihn Torres' Erlebnis erfreute, daß er ihn von vielen Schamanen des Yagé umgeben gesehen hatte und daß diese ihn mit einem Kranz aus Federn der Guakamaja gekrönt hatten. Dies war ein gutes Zeichen dafür, daß er, wenn er es wollte, den Lernprozeß mit der heiligen Pflanze beginnen konnte. Er durfte nun, so oft er wollte, die Pflanze einnehmen, und wenn er es wollte, würde er ihm alle seine Kenntnisse über Yagé bereitstellen.

Torres bedankte sich für die Einladung und zeigte sich bereit, die Kenntnisse anzunehmen. Noch eine Frage stellte er dem Taita bezüglich seiner Ankunft: Ob er ihm sagen konnte, warum er bei seiner Ankunft draußen gestanden hatte, ihn willkommen geheißen und ihm gesagt hatte, daß er auf ihn gewartet hätte. Der Mann lächelte und sagte, daß er um dieses Geheimnis wüßte: "Wenn der kleine Kolibri wie ein kleiner Käfer zu meinem Haus kommt, um das Haus fliegt, im Haus umherflattert und dann wieder hinausfliegt, geschieht das, weil jemand mit besonderem Interesse am Yagé kommen wird. Deswegen habe ich auf Sie gewartet. Dieser kleine Kolibri heißt *Gentsiana* und ist ein Tigerkolibri."

Fünf Jahre lang blieb Torres bei Taita Martín Agreda, um die schamanischen Wissensbereiche zu erlernen. Später lernte er Großvater Francisco Piaguje aus der Gruppe der *Ají*, die zur Ethnie *Siona* des unteren Putumayo gehören, kennen. Dieser nahm ihn dann als Schüler für drei Jahre auf. Großvater Pacho, wie man ihn liebevoll nennt, ist einer der wichtigsten Schamanen des Yagé im Amazonasgebiet des Putumayo. Durch ihn lernte er auch Großvater Querubín Queta, Schamane der Ethnie *Kofán*, kennen, der ihm auch viele Kenntnisse über den schamanischen Umgang mit Yagé beibrachte. Großvater Querubín Queta ist auf Grund seiner tiefen schamanischen Kenntnisse vom Yagé neben Großvater Fernando Mandúa einer der höchstangesehenen kofanischen Schamanen. Später hat der Schamane Luis Flórez, Mitglied der Ethnie *Inga* der Stadt Mocoa (Hauptstadt des Departamento del Putumayo) im Jahre 1998 eine Zeremonie in seiner Maloka abgehalten, in der er Torres als Yagéschamane eingesegnet hat.

Im Jahre 1993 besuchte Torres den Volksstamm der *Sikuani* aus dem kolumbanischen Orinokogebiet, wie es ihm Taita Martín Agreda vorgeschlagen hatte, in der Absicht, Kenntnisse über den Umgang mit Yagé unter den Leuten der Llanos Orientales zu erlangen. Torres kam zur Gemeinschaft *Sikuani* im Schutzgebiet Wakoyo, am

Meta-Fluß in der Nähe des Ortes Puerto Colombia (Departamento del Meta in Kolumbien). Dort, in den Gemeinschaften Walabó I und Chaparralito wurde er als Schüler der Schamanen Rafael Vicente Yépez Kasulú und seinen Meister und Bruder, Don José Antonio Kasulú, aufgenommen. Letzterer ist der wichtigste Schamane unter den *Sikuani* in diesem Gebiet des Orinoko. Diese beiden Großväter haben Torres im Erlernen der praktischen schamanischen Anwendung der entheogenen Pflanzen Yopo (*Anandenanthera peregrina*, in der Sprache der Sikuani *Dopa*) und Capi (*Banisteriopsis Caapi*, in der Sprache der Sikuani *Juipa*) unterwiesen. Nach fünf Jahren des Lernens bei Großvater José Antonio Kasulú verlieh dieser Torres die Macht und die Erkenntnis als *dopatubinü*-Schamane ("Yopoeinsauger").

In der sikuanischen Gemeinschaft Walabó, wo Torres seinen Lernprozeß bezüglich des schamanischen Wissens im Umgang mit den Entheogenen Dopa und Juipa durchführte, erkannte er, daß diese ihre Wirkung durch Beschwörungen oder "Gebete" in einer der Poesie ähnlichen Form (die in der Sprache der Sikuanis *Waji* heißt) verstärken. Am Anfang des Lernprozesses bekam er die Unterweisungen von Don Rafael Vicente Yépez Kusulú, einem hochangesehenen Schamanen der Gemeinschaft. Während dieser Torres Juipa und Dopa anbot, unterhielten sie sich über seine schamanischen Erlebnisse und Kenntnisse.

Eines Tages fragte Torres Don Rafael Vicente, ob er ihm das *Waji* des Yopo beibringen konnte. Ganz im Gegensatz zu seiner immerwährenden guten Laune wurde Don Rafita, wie Torres ihn liebevoll nannte, böse. "Welches Gebet? Ich weiß nichts über ein Gebet des Yopo, und es interessiert mich auch kein kleines Bißchen! So was bewirkt nichts.", antwortete er. Torres war erstaunt über eine derartige Antwort. Er selbst hatte sich ihm doch als Lehrer angeboten, und jetzt verneinte er sein Wissen darüber. Torres wußte, daß Don Rafita das "Gebet" des Yopo benutzte, durch welches er Beschwörungen machte und die entheogenen Eigenschaften hervorrief, bevor er den Rauch einatmete.

In diesem Augenblick dachte Torres, daß sein Lernprozeß bei dem Schamanen zu Ende gegangen war. Aber zu seinem größten Erstaunen holte Don Rafita sofort etwas mehr Juipa heraus, reichte sie ihm zum Kauen und gab ihm anschließend mehr Yopo zum Einatmen. Und als ob nichts Schlimmes passiert wäre, erzählte er ihm weiter von seinen Erlebnissen in den Künsten der Heilung durch diese Pflanzen. Noch dazu bot er ihm eine viel größere Menge an als die Übliche. An diesem Tag wagte Torres es nicht mehr, das Thema des "Gebets" des Yopo zu erwähnen, und fühlte sich den ganzen Tag stärker beobachtet als je zuvor.

Torres schlief bei Don Rafitas Sohn, Aladino Yépez, einem Schamanlehrling, und hatte einen besonderen Traum. In diesem Traum befand er sich mitten in einem der vielen Galeriewälder, die es im Flachland im Orinokogebiet gibt. Auf einer freien Stelle stand ein riesiger Yopobaum, auf dessen Äste zahlreiche bunte Vögel saßen und auf wunderbare Weise trillerten. Ein kleiner Falke flatterte im Laubwerk; auf den Ästen sah man weitere Falken, Sperber, Papageien und Guakamajas.

Einer der Papageien machte Torres aufmerksam. Von dem oberen Teil seines gelben Schnabels aus bedeckte ein Streifen weißer Federn, der bis zum Schwanz reichte, seinen Kopf. Der Rest seines Körpers war von einem gelb-grünen Gefieder bedeckt, und das Gesicht hatte die gleiche Farbe, nur weniger glänzend. Torres und der Papagei starrten sich gegenseitig an. Der Papagei fing an zu fliegen und näherte sich ihm. Er ließ sich auf seiner linken Schulter nieder und befühlte seinen Kopf und die Wurzel seiner Haare mit seinem Schnabel, als würde er nach Läusen suchen. Dann kletterte er auf Torres' Kopf und ging an seiner rechten Schulter herunter. Daraufhin küßte er ihn auf den Mund. Er ging bis zu seinen Händen und versteckte sich in seiner Brust, ganz nahe am Herzen. Genau in diesem Moment erwachte Torres. Es war ein Traum des Sonnenaufgangs gewesen.

Wie es ihm Don Rafita gesagt hatte, sind die Träume des Sonnenaufgangs die Träume des Yopo. Man muß deren Bedeutung erkennen lernen, denn sie können positive oder negative Vorahnungen symbolisieren.

Nach dem Frühstück, während sie erneut Capi und Yopo einnahmen, erzählte Torres zu Aladino seinen Traum. Dieser hörte begeistert zu und sagte, daß er den Traum des "Gebets" des Yopo erlebt hatte. Somit war er bereit, das "Gebet" zu lernen. Der Yopobaum, den er im Traum gesehen hatte, ist die Urform des Yopobaumes. Der kleine Falke, der Sperber und der Papagei sind die Geister des Baumes, und diese geben dem Schamanen die Kraft des Yopo. Diese Geister werden durch das entsprechende *Waji* angerufen. Der Papagei, der zu ihm flog und sich in seinem Körper versteckte, ist der Geist des *Tserelepialé*, des "Papageien des Gebetes des Yopo". Aus diesem Grund, sagte Aladino, würde er ihm das entsprechende Gebet – sein *Waji* – beibringen. Sie kauten weiterhin Capi und atmeten erneut Yopo ein. Aladino erzählte Torres die mythologische Geschichte des Yopo (*Liwatsi*), nahm dann seinen Yopobehälter und führte Gebete durch, indem er ihm Satz für Satz die esoterische Bedeutung vermittelte. Daraufhin sollte er das Gebet durchführen und den Behälter (*bujaibe*) und auch seinen Körper anpusten, während er dasselbe Gebet sprach. Das Yopo und der Körper des Yopoeinsaugers werden viermal angebetet und angepustet, nach demselben *Waji*, das ihnen Kraft gibt, die Kraft "*Puakari*" sowie das Wesen des Entheogenum.

Am Nachmittag besuchte Torres Don Rafita und erzählte ihm, was geschehen war. Als dieser es hörte, lachte er laut auf und sagte, daß diese die einzige Weise sei, in der man vom Yopo lernt. Er sagte, daß er keineswegs böse mit ihm geworden war, als er ihn nach dem "Gebet" des Yopo fragte. Es stimmte auch nicht so, daß er es nicht wußte, und noch weniger, daß dieses Gebet wirkungslos sei. Es war nur, daß das Yopo selbst entscheidet, wann der passende Augenblick und die richtige Einstellung des Eingeführten gekommen sind, um diesem die Worte durch ein Zeichen, wie das Zeichen des Traums, beizubringen. Nur auf solche Weise konnte der Eingeweihte Zutritt zum entsprechenden *Waji* bekommen. Wenn das nicht geschehen wäre, hätte er warten müssen, bis das entsprechende Zeichen, das durch das Entheogenum verursacht wird, gekommen wäre.

Dieses Erlebnis ermöglichte, daß Torres einige Zeit danach als Lehrling des höchstangesehenen sikuanischen Schamanen, Großvater José Antonio Kasulú, angenommen wurde, der ihn zum vollkommenen Schamanen, zum *Dopatubinü*, ausbildete.

Als Ergebnis dieser Erlebnisse hat Torres eine Reihe von Texten zusammengestellt, die in verschiedenen Büchern und Zeitschriften des Inlands wie auch des Auslands veröffentlicht worden sind. Zur Zeit führt er seine schamanischen Erfahrungen im Gebiet des Guamués See durch, der auf dem alten Gebiet der Ethnie *Quillasinga* (Departamento de Nariño in Kolumbien) liegt, wo er auch zur Zeit lebt. Häufig wird er eingeladen, schamanische Zeremonien an verschiedenen Orten des Landes durchzuführen. Auch ist er Leiter der "Fundación de Investigaciones Chamanistas" (Schamanische Forschungsstiftung) mit Sitz in der Stadt Pasto (Departamento de Nariño in Kolumbien).

William Torres C. ist Schamane und Ethnologe. Er lernte bei Meistern verschiedener Traditionen wie Koguis und Huitotos, die Ambil (Tabak) und Koka als sakrale Pflanzen verwenden. Er ist anerkannter Yagé-Schamane (*Banisteriopsis caapi*) im Putumayo-Gebiet und ist vertraut mit dem Sikuani-Schamanismus. Er lehrt und schreibt für die Nariño Universität.

> *Casabe ist eine große Torte aus Yucca.*
> *Das wort Mama bezeichnet den Schamanen*
>
> *Aya: Vorfahren, Energie.*
>
> *Huasca: Liane, Kletterpflanze. In der Sprache Quichua ist Ayahuasca der Name für den Yagé.*
>
> *Gebratene Wurzel des Yagé. Man kaut sie, um die rauschbewirkende Substanz zu erhalten und zu schlucken. Normalerweise wird diese in Umgangssprache als Capi bezeichnet, denn das Wort Juipa wird für rituelle Prozesse verwendet.*

> **Dr. med. Fabio Alberto Ramirez** *ist Arzt und führt seit acht Jahren in seiner Klinik nahe Bogota mit einheimischen Schamanen Yagé-Rituale durch. Er ist Schüler des Schamanen Isayas Mavisoy des Inka-Volkes. Dieser berechtigte ihn dazu, auch selbst Yagé-Sitzungen abzuhalten. Als Schüler des berühmtesten Huitoto-Meisters, Oscar Roman, wendet er mit großem Erfolg auch Ambil zu schulmedizinischen Therapiemaßnahmen an.*

Hans Kurmann †
Willisau, im alten
Löwen von Hergiswil
am Napf
Aufnahme von 1993

Hans Kurmann

SCHAMANISTISCHE ELEMENTE IN ALPENLÄNDISCHEN JENSEITS-VORSTELLUNGEN

Von Kurt Lussi

Bis in die Gegenwart haben sich im Alpenraum Gebräuche und Glaubensvorstellungen erhalten, die ihre Wurzeln in der vorchristlichen Zeit haben. Dennoch halten wir vergeblich nach dem klassischen alpenländischen Schamanen Ausschau,
dessen Tradition mit jener der eurasischen Schamanen zu vergleichen wäre. Es gibt
zwar eine Reihe von Personen, die sich kraft einer meist nicht näher definierten
Berufung befähigt fühlen, auf einer anderen Bewußtseinsebene mit der jenseitigen
Welt in Kontakt zu treten. Zu ihnen gehören die Gesundbeter, die wir in der Schweiz
vor allem im Toggenburg antreffen. Eine Gruppe für sich sind die Handaufleger und
Pendler, deren Anschriften meist unter der Hand weitergegeben werden. Dazu treten
in neuerer Zeit immer mehr selbsternannte Heiler auf. Von Ausnahmen abgesehen,
handelt es sich bei den von diesen Personen angewandten Ritualen jedoch um Techniken, die aus verschiedenen Kulturen entlehnt und zu einer neuen "Tradition"
zusammengefügt worden sind. In diesen Fällen kann vielleicht von neoschamanisti-
schen Praktiken, nicht aber von einer alpenländischen schamanistischen Tradition
gesprochen werden. Was fehlt, ist die Verwurzelung in unserer eigenen Kultur und
folglich das, was ich die "Tradition der Tradition" nennen möchte. Dennoch wäre es
verfehlt, den Alpenraum als "weißen Fleck" zu bezeichnen und ihm eine eigene
schamanistische Tradition völlig abzusprechen.
Zwar gibt es im Alpenraum keine Schamanen, die der in der Forschung gebräuch-
lichen Definition entsprechen würden. Aber es gibt eine teilweise ausgeprägte schamanistische Landschaft, in der Kapellen, Bäume, Haine und Hecken ihre besondere
Bedeutung haben. Und es gibt vor allem ein schamanistisches Bewußtsein,

Schamanistische Landschaft bei Buholz (Ruswil, Schweiz). Um die Kapelle in der Bildmitte ranken sich Geschichten von wandelnden Lichtern und kopflosen Geistern. In der Kapelle werden manchmal Kerzen für die Seelen der Verstorbenen angezündet

Messingdose mit Reliquien und geweihtem Wachs (Agnus Dei). Das Amulett schützt gegen Anfechtungen des Teufels, Hexenwerk und Krankheitsdämonen. Herkunft unbekannt. Luzern 18./19. Jh.

Geöffnetes Breverl. Die zahlreichen Heiligenbildchen, Segenstexte, magisch wirkenden Pflanzen und Stoffe schützen den Besitzer gegen Krankheit und Behexung. Süddeutsch, 2. Hälfte 18. Jh.

Schutzamulett mit Segenstexten, heiliger Erde, geweihtem Wachs und in Papier eingewickelten Pflanzenstengeln. Luzern, 20. Jh.

das im Glauben an eine von Geistern und unruhigen Seelen bewohnte Natur zum Ausdruck kommt. Dieser Glaube wird mündlich weitergegeben. Er umfaßt alle im Laufe der Zeit gemachten religiösen Erfahrungen der Menschen, weshalb er auch christliche Elemente enthält. Wie jeder Volksglaube ist er offen für neue Impulse und daher regelmäßigen Veränderungen unterworfen. In der volkskundlichen Forschung werden der Glaube und die mit ihm zusammenhängenden Vorstellungen aufgezeichnet und durch schriftliche Quellen ergänzt. Auf diese Weise werden die weitgehend verschütteten Wurzeln unserer Kultur freigelegt. Wir stoßen dabei auf ein Wissen, das im Laufe der Zeit zwar Veränderungen erfahren hat, in seinem Kern jedoch gleich geblieben ist.

Für den Forscher stellt sich die Aufgabe, die einzelnen Mosaiksteine richtig einzuordnen und wieder zu einem Ganzen zusammenzufügen. Das nach und nach entstehende Bild entspricht jedoch nicht der heute gültigen Situation. Aber es beweist, daß unsere Kultur ein homogenes Weltbild hatte, das erst später auseinander gefallen ist. Der bei diesem Prozeß unterbrochene innere Zusammenhang zwischen den einzelnen Bereichen erklärt, weshalb der Kern vieler Vorstellungen und Bräuche nur selten auf Anhieb zu erkennen ist. Dabei zeigt sich, daß die schamanistische Landschaft und das schamanistische Bewußtsein untrennbar miteinander verbunden sind, denn die mündliche Überlieferung gewinnt für den Forscher erst dann an Bedeutung, wenn sie an bestimmte Orte – Kreuze, Quellen, bestimmte Wiesen oder Bildstöcke – gebunden ist. Umgekehrt erhalten diese Orte ihre irrationale Bedeutung erst durch die schriftliche und die in ländlichen Gegenden nach wie vor bestehende mündliche Überlieferung. Versinkt die Überlieferung eines bestimmten Ortes im unergründlichen Dunkel des Vergessens, löst sich auch seine tiefere Bedeutung im Nichts auf. Diese gegenseitige Abhängigkeit ist das Geheimnis einer jeden Tradition, besonders aber der schamanistischen. Sie ist untrennbar an das Land der Ahnen und die Heiligkeit ihrer Orte gebunden. Sie läßt sich nicht beliebig verpflanzen, wie sich auch die Rituale des eurasischen Schamanen nicht unbesehen auf unsere Kultur übertragen lassen.

Die mündliche Tradition in der Luzerner Landschaft

Die Erkenntnis, wonach die Heiligkeit der Orte wesentlich von der mündlichen Überlieferung abhängig ist, führte u. a. zu den Publikationen "Merkwürdiges aus Buholz" (1989) sowie "Himmel und Hölle (1992). Gesammelt sind darin Erzählungen aus Ruswil und dem Weiler Buholz. Die Geschichten handeln vom Umherirren verlorener Seelen, von merkwürdigen Krankheiten, die sie verursachten, von plötzlichem Tod, der Allgegenwart neckischer Geister und dem Wirken bösartiger Dämonen. Diese Geschichten, die ausnahmslos an bestimmte Orte gebunden sind, könnten heute in diesem Umfang nicht mehr aufgezeichnet werden, da viele der damals noch lebenden Gewährsleute inzwischen verstorben sind. Aber sie belegen, daß es zwischen dem Diesseits und dem Jenseits eine Dimension gibt, die von Personen, die sich diesen Dingen innerlich öffnen, wahrgenommen werden kann. Aber nur wenige haben das Wissen und die Erfahrung, Seelenreisen in diese Wirklichkeit zu unterneh-

Seelenbaum von Ruswil.
Durch das angrenzende
Wäldchen jagt in
stürmischen Nächten
das ruhelose Heer
der Toten

men und den dort wirkenden Mächten entgegenzutreten. Die Erzähler – Bauern, Melker, Feldmauser und landwirtschaftliche Angestellte – sind oder waren aufs Engste mit ihrem angestammten Lebensraum verflochten. Fast alle, die ich getroffen habe, stammen aus Familien, die bereits seit Generationen in diesem Teil der Schweiz ansässig sind. Im Volk nehmen sie als Träger des von den Ahnen übernommenen Wissens eine Sonderstellung ein. Sie gelten als genügsame Menschen, die den Fremden gegenüber oft verschlossen oder zumindest zurückhaltend sind. Viele freuen sich dennoch über das Interesse, das ihrem Wissen entgegengebracht wird, sträuben sich aber oder werden mißtrauisch, wenn es auf ihre Person ausgedehnt werden soll. Diese Menschen sind weder Gelehrte, die aus der Warte des außen stehenden Beobachters das Erfahrene ihrem Weltbild gemäß beurteilen, noch fühlen sie sich befähigt, mit den jenseitigen Mächten in Kontakt zu treten. Ihrem bescheidenen Wesen gemäß maßen sie sich auch nicht an, zu dem Wissen, das sie sich im Laufe ihres Lebens angeeignet haben, in irgendeiner Form Stellung zu beziehen. Aber sie geben unverändert weiter, was sie selbst erfahren oder von Verwandten gehört haben. Diese Menschen, die tief in den Wurzeln ihrer Kultur verankerte Vorstellungen vom Weiterleben nach dem Tod und dem Auftreten der "Armen Seelen" haben, stehen zwischen den Welten. Sie sind sowohl Teil der einen als auch der anderen Welt, ohne zwischen beiden aktiv zu vermitteln oder gar im Sinne der schamanistischen Tradition willentlich Seelenreisen in andere Bewußtseinsdimensionen zu unternehmen. Viele fühlen sich zwischen diesen beiden Wirklichkeiten hin und her gerissen, weil das Irrationale der eigenen Tradition dem wachsenden Druck einer vermehrt rational denkenden und handelnden Gesellschaft ausgesetzt ist. Zum Schutz der eigenen Persönlichkeit äußern sie sich dem Fremden gegenüber höchstens in viel- und doch nichtssagenden Andeutungen und allgemein gültigen Aussagen: "Es gibt weniger, als das Volk erzählt, aber mehr als man glaubt", bekam ich zu Beginn meiner Forschungen oft zu hören, wenn ich mich etwas allzu interessiert nach den Hintergründen bestimmter Geschichten erkundigte.

Der 1923 geborene Hans Kurmann aus Willisau war ein waschechter Luzerner Hinterländer. Im alten Löwen in Hergiswil, in dem unsere Aufnahme 1993 gemacht wurde, setzte er seinen Stumpen nur ab, um einen Schluck Kaffee, Schnaps oder eine ordentliche Prise Schnupftabak zu nehmen. Kurmann, von Beruf Feldmauser und landwirtschaftlicher Angestellter, verdanke ich wertvolle Hinweise zum System der "Zwölften". Unter dieser Bezeichnung versteht man die zwölf Tage zwischen Weihnacht und Dreikönige. In dieser Zeit sind die Wesen aus dem Reich der Geister besonders unberechenbar. Sie treten als heftige Winde oder geisterhafte Kobolde auf und verursachen Krankheiten, die oft den Tod zur Folge haben. Der Mensch tut deshalb gut daran, ihnen vor allem in der Nacht aus dem Weg zu gehen.

Die zwölf Tage zwischen Weihnacht und Dreikönige geben dem Kundigen Aufschluß über das Wetter des kommenden Jahres, wobei jeder der zwölf Tage für einen Monat des betreffenden Jahres steht. Beginnend mit dem ersten Tag nach Weihnachten, zeigt das Wetter eines jeden Tages an, was in dem auf ihn entfallenden Monat zu erwarten ist. Hans Kurmann hat seine in den Zwölften gemachten Wetterbeobachtungen über Jahre hinweg aufgezeichnet. Nach seinen Erfahrungen ist es, wie er sagte, "höchst selten anders gekommen". Er war auch überzeugt, daß der Wind, der am ersten Tag der Zwölften vorherrscht, das ganze Jahr über wetterbestimmend bleibt.

Die Beobachtungen des Hans Kurmann hängen mit dem Glauben zusammen, wonach Unwetter, besonders aber heftige Westwinde, Hagel und Gewitter, von den Wesen des Jenseits gemacht würden. Dementsprechend ist in vielen Erzählungen vom *Türst* die Rede, der im tosenden Sturmwind mitreitet und das Heer der namenlosen Toten anführt. Der wilde Zug, heißt es, zerschmettere alles, was sich ihm in den Weg stelle. Nur durch das Aufstellen von Kreuzen und gegen den Sturmwind gespritztes Weihwasser könne die zerstörerische Kraft des Totenheeres gemildert oder von Haus und Hof abgewehrt werden.

Die befragten Personen sind schon von ihrer Funktion her nicht mit dem klassischen Schamanen zu vergleichen. Dennoch haben sie mit ihm einiges gemeinsam, so zum Beispiel den Glauben an die Trennung von Körper und Geist im Augenblick des Todes, an das Auftreten der Seele als Windhauch, an ihre Reise ins Jenseits und die Vereinigung mit dem namenlosen Heer der Toten, das durch die Lüfte braust. Dazu kommen die Vorstellungen von einer beseelten Natur und der Existenz von Seelentieren, die dem Menschen den Tod ankündigen oder Personifikationen des Todes sind. Nach diesen Auffassungen, die weit in die Zeit zurück reichen, tritt der Tod nicht überraschend ein, sondern er schickt seine Sendboten. Dadurch bleibt Zeit, sich auf die bevorstehende Reise ins Jenseits vorzubereiten. Diese Vorzeichen werden oft nicht als solche erkannt. Erst nach einem Todesfall haben die Angehörigen manchmal das Bedürfnis nachzuforschen, ob sich der Tod nicht durch einen bisher vielleicht unbeachtet gebliebenen Vorfall angekündigt hat. Aufschluß über die mögliche Deutung der Zeichen geben wiederum jene Menschen, die zwischen den Welten stehen und dadurch für die Todesvorzeichen einen "siebten Sinn" haben. Vom Verhalten des Haushundes, erzählte man mir, ließe sich auf manches schließen, auch auf einen bevorstehenden Todesfall in der Familie. Das Heulen des Hundes, heißt es, zeige den Hunger des Todes und dessen Forderung nach Sättigung an. Wenn der Hund in der Nacht den Kopf auf den Boden lege und jämmerlich heule, so sei es gewiß, daß es bald eine Leiche gebe. Ebenso künde der Hund den Tod an, wenn er vors Haus komme und ohne ersichtlichen Grund klagend belle. Überhaupt bedeuten heulende Hunde nichts Gutes, denn sie sehen in diesen Augenblicken Geister, die den Lebenden verborgen bleiben. Ebenso kündet das Erscheinen bestimmter Vögel den Tod an. Zu diesen gehören Raben, Elstern und Krähen. Es sind Seelenvögel, welche die unmittelbar bevorstehende Reise der Seele eines Sterbenden ankündigen. Wenn Krähen tagsüber ums Haus fliegen und einen Höllenlärm vollführen, ist die letzte Stunde eines Todkranken nicht mehr fern. Nach dem Tod flattert die Seele des eben Verstorbenen als vogelähnliches, kaum wahrnehmbares Wesen im Sterbezimmer umher. Man muß deshalb das Fenster öffnen, damit sie den Raum verlassen und als Windhauch die Reise ins Jenseits antreten kann. In alten Bauernhäusern gab es zu diesem Zweck den Seelenschieber oder das Seelenfensterchen, eine kleine, normalerweise geschlossene Öffnung, durch die die Seele des soeben Verstorbenen nach draußen gelangen konnte.

Außerhalb des Dorfes gelten besondere Kreuze, Bildstöcke, Bäume oder Wegbiegungen als Aufenthaltsorte jener Seelen, die ihren Frieden nicht gefunden haben und auf Erlösung hoffen. Ein Beispiel dafür ist die an der Straße von Pfaffnau nach St. Urban stehende Kapelle Buttenried. Das kleine und eher unscheinbar wirkende Heiligtum ist 1593 erbaut worden. Nur dank den handschriftlichen Aufzeichnungen eines 1964 verstorbenen Lehrers aus der angrenzenden Gemeinde Roggliswil wissen wir, daß die Kapelle seit jeher in enger Beziehung zum Tod und zum Leben danach steht. Davon künden die zahlreichen Geschichten von unruhig wandelnden Seelen und gespenstischen Pferden, denen man an diesem Ort vor allem in den Fronfastennächten begegnete. Nördlich der Kapelle soll bis ins frühe 19. Jahrhundert ein Bauernhaus, die Stüssihütte, gestanden haben. Der Knecht des letzten Besitzers, heißt es, sei schwermütig gewesen. In einem Akt der Verzweiflung habe er sich am Firstbalken erhängt. Später brannte das Haus nieder. Nur ein einziger Balken blieb von den Flammen verschont. Es war derjenige, an dem der unglückliche Selbstmörder gehangen hatte.

Viele Wegkapellen sind dort erbaut worden, wo vorzeitiger Tod und nicht erfülltes Leben unruhig wirken. Es sind Orte, die man lieber meidet. Immer wieder ist in den Überlieferungen davon die Rede, daß unliebsame Begegnungen mit den Wesen der Schattenwelt zu schwerer Krankheit oder zum Tod führten. Dämonische Züge nehmen Erzählungen an, in denen unerlöste Seelen in Tiergestalt auftreten. Von gespenstischen Hasen und Füchsen ist da die Rede, aber auch von geisterhaften Pferden, die vor allem in der Nacht als feurige Wesen erscheinen. Derartige Geschichten werden von vielen Orten erzählt. Ein Mann aus dem Dorf Roggliswil, das in der Nähe der Kapelle Buttenried liegt, fuhr mit seinem Einspänner ins benachbarte Altbüron. Beim Eglermooswald begegnete er einem kopflosen feurigen Füllen, das plötzlich neben seinem eigenen Pferd herlief. Als er gegen Altbüron kam, wendete das leuchtende Ungeheuer. Mit einem Satz sprang es in den Wald zurück. Als der Mann spät in der Nacht heimfuhr, sah er nichts mehr.

Schnaubende und galoppierende Pferde sah man zu nächtlicher Stunde auch bei der Kapelle in Buttenried. Auf der Straße, die an diesem Heiligtum vorbei führt, wurde verschiedentlich ein unheimliches weißes Pferd gesehen. In der Samstagnacht legte es dreimal den Weg vom oberen Ende des Weilers Buttenried bis zur Kapelle zurück. In der Einfahrt einer nahe gelegenen Scheune vollführte es einen Höllenlärm. Aus diesem Grund, erzählen die alten Leute, baute man die Kapelle. Bis heute werden darin für die Seelen der Verstorbenen am Samstag Lichter angezündet. Als man den Brauch vernachlässigte und schließlich ganz vergaß, erschienen in der gleichen Einfahrt wieder mehrere Pferde. Um den Hals hatten sie Eisenketten, mit denen sie einen höllischen Lärm vollführten.

Diese Vorfälle werden von Menschen erzählt, die alle auf eine besondere Weise Zugang zur jenseitigen Welt haben. Sie nehmen diese Dinge so an, wie sie geschehen sind, ohne sie zu hinterfragen, zu ergänzen oder umzudeuten. In den seltsamen

Begebenheiten schillert deshalb deutlich eine Kultur durch, die vom Christentum zwar überdeckt, aber nicht verdrängt worden ist: In der germanischen Mythologie reitet *Wodan* auf einem gespenstischen Roß dem Totenheer voran. Als Führer des Seelenzuges geleitet er die Verstorbenen ins Jenseits. Ursprünglicher als der reitende Totengott ist das Pferd, das in keltischen Sagen die Seelen ins Reich der Abgeschiedenen führt. Die Toten, die sich dem Geisterzug anschließen, werden wesensgleich mit dem Tod. Sie nehmen seine Gestalt an und erscheinen als dämonische Pferde. Besonders für schuldbeladene oder gewaltsam Verstorbene, Selbstmörder und Hingerichtete zum Beispiel, galt nach der Einführung des Christentums die Erscheinung in Pferdegestalt als Strafe. In vielen Sagen müssen grausame Burgherren als schwarze Rappen dem Teufel dienen. Dem römischen Statthalter Pilatus wird bei seiner Verbannung auf den gleichnamigen Berg bei Luzern ein Dämon in Roßgestalt beigesellt. Da verwundert es nicht, wenn dort oben auch das Wilde Heer, Drachen und verwunschene Wesen hausten. Diese archaischen Vorstellungen vom Aufenthalt unruhig wandelnder Seelen haben wohl dazu beigetragen, daß das Besteigen des Pilatus lange Zeit verboten war.

Die Reise der Seele ins Jenseits

Aus den oben skizzierten Erzählungen wird deutlich, daß der Tod als Übertritt oder Reise in eine andere Dimension begriffen wird. Um diesen Weg nicht zu erschweren oder gar zu verunmöglichen, bemüht sich der Einzelne die Gesetze der Gemeinschaft zu befolgen. Verstöße gegen das Kollektiv, das sich in vielen Kulturen der Autorität eines gesetzgebenden Begründers oder mythischer Ahnen unterstellt, rufen nach Wiedergutmachung. Wer als Lebender diese Sühneleistungen versäumt, dessen Seele muß nach dem Tod wandeln, bis sie Vergebung erlangt hat und die Schuld durch Gebete und gute Werke der Nachkommen abgetragen ist. Eine wichtige Aufgabe des religiösen Menschen besteht deshalb darin, seinen Ahnen durch Gebete und heilige Handlungen Hilfe zu leisten. Mit ihnen ist er zum Heil der eigenen Seele auf einer anderen Bewußtseinsebene verbunden, wie auch seine Seele dereinst auf die Hilfe der Lebenden angewiesen sein wird. Im Gegensatz dazu ist das Leben jener Menschen, die nicht an eine Weiterexistenz nach dem Tod glauben, ganz auf das Diesseits ausgerichtet. Sie sind nicht mehr Teil eines traditionellen Kollektivs und deshalb auch von der Pflicht der Ahnenfürsorge entbunden. Im diesseitigen Leben führt diese Auffassung zu einem alle Lebensbereiche durchdringenden Individualismus, bei dem das persönliche Wohlbefinden, Genuß und Selbstverwirklichung über dem Wohl der Gemeinschaft stehen.

Jede religiöse Gemeinschaft entwickelte im Laufe der Zeit spezifische Mittel, um die Vorgänge nach dem Tod ihrer eigenen Kultur entsprechend zu erklären. Im Christentum verweilt die Seele zunächst in der Nähe des toten Körpers. Dann treten Mächte auf, die sie behutsam auf eine höhere Ebene geleiten, die als Ort der erlösten Seelen verstanden und als Himmel bezeichnet wird. Aber die homogene Gemeinschaft der Erlösten kann kein Element in sich aufnehmen, das ihr gegenüber mit Verfehlungen belastet ist. Obwohl der Verstorbene seine Sünden vielleicht noch gebeichtet (bereut) und dafür Vergebung erlangt hat, treten die negativen Handlungen als Ankläger auf, denn es fehlt das Element der Wiedergutmachung. Die Seele des Verstorbenen ist deshalb einem Reinigungsprozeß ausgesetzt, in dem die guten Taten den schlechten gegenübergestellt werden. Diese ständige Auseinandersetzung, die man zum besseren Verständnis als Vergangenheitsbewältigung bezeichnen könnte, ist heilsam. Sie dient der Reinigung und dauert so lange fort, bis die Seele von den belastenden Bildern befreit ist. Sie befindet sich nun in einem Zustand des absoluten inneren Friedens, der ihr den Eintritt in das Kollektiv der Erlösten ermöglicht. In diesem der Läuterung dienenden Prozeß wurzelt die Sitte, der Toten zu gedenken und ihnen mit guten Werken beizustehen.

Alle großen Weltreligionen kennen ein Dasein nach dem Tod. Im Buddhismus bleibt die Seele nach dem physischen Tod noch eine Weile im Körper des Menschen und tritt dann aus, um eine gewisse Zeit als klares Licht bestehen zu bleiben. Bei der geringsten Störung wird dieser Zustand vorzeitig unterbrochen und die Seele wird zur Natur eines Zwischenwesens, das sich nun völlig außerhalb des Körpers befindet. Erst jetzt, nach der endgültigen Trennung des Geistes vom Körper, ist auch der spirituelle Tod des Menschen eingetreten. Nur die Seele ist unsterblich. Im Buddhismus erlebt sie eine Wiedergeburt. Im Christentum tritt sie nach dem Reinigungsprozeß in die Ewigkeit ein.

Mit der Vorstellung der als Wind auftretenden Seelen verknüpft sich die aus vorchristlicher Zeit stammende Anschauung, wonach die namenlosen Toten in dunklen Winternächten als Sturmwind durch die Lüfte brausen oder an bestimmten Orten als geisterhafte Lichter auftreten. In vielen Sagen ist die Rede von "unruhigen" Armen Seelen, die als Strafe für ihre Vergehen umgehen müssen. In dunklen Novembernächten machen sie sich bemerkbar. Mit Gebeten, guten Werken und brennenden Opferlichtern können sie von ihrer Pein erlöst werden. An vielen Orten errichtete man zu ihrem Gedenken Kapellen und Bildstöcke. Noch immer zündet man darin Kerzen zum Heil der ruhelosen Toten an, die als Heer namenloser Ahnen ins Jenseits ziehen. Dem gespenstischen Zug voraus reitet der *Türst*, der ewige Jäger und Herr der Toten. Er wird von der *Sträggele* begleitet, die in ihrer ursprünglichen Bedeutung keine Hexe ist, sondern ein weiblicher Dämon, der die Verstorbenen in die wilde Jagd eingliedert. In der germanischen Mythologie ist *Wotan* der Führer des Seelenzuges. Auf einem gespenstischen Roß führt er das Totenheer an und geleitet die Seelen auf imaginären Wegen ins Jenseits. Geisterpferde, wie jene von Buttenried, sind deshalb immer ein Hinweis auf vorchristliche Jenseitsvorstellungen.

Der Glaube an ein Weiterleben nach dem Tod hat sich auch in der Auffassung von einer beseelten Natur niedergeschlagen. Die Toten folgen geisterhaften Wegen, die seit jeher den gleichen Verlauf nehmen. In den Bäumen wohnen die Seelen der Ahnen und gutartige Hexen. Zu diesen Stätten, den heiligen Bäumen und Hainen, ging das Volk, um sich der Hilfe jenseitiger Mächte zu versichern. Im Christentum, das sich über den germanischen Untergrund geschoben und viele heidnische Riten christlich umgedeutet und umgestaltet hat, lebt die Vorstellung von einer beseelten Natur fort. Einige der vom Volk verehrten Bäume wurden mit christlichen Zeichen versehen, wie zum Beispiel die Muttergottestanne in Kerns (Kanton Obwalden). Andere sind mittlerweile verschwunden. An ihre Stelle traten Kreuze, Bildstöcke oder Kapellen. Geblieben ist jedoch der Gang zu einer als heilig geltenden Stätte, an der das Wirken höherer Mächte offenbar wird.

In diesem Zusammenhang haben die verschiedenen Formen des Totenkultes auch den Zweck, sich vor unruhig Verstorbenen zu schützen. Dazu gehört die rituelle Speisung der armen Seelen, dazu gehören auch die Lichtopfer und die Gebete, die zum Heil der Verstorbenen aufgeopfert werden. Auch im kleinen Gebet "Ruhe in Frieden" steckt mehr als nur der fromme Wunsch, die Seele des Verstorbenen möge in der jenseitigen Welt ihren Frieden finden. In ihm wird die unterschwellig vorhandene Angst vor einer Rückkehr des Toten spürbar, weshalb es den Charakter eines dringenden Anliegens, einer Beschwörung hat.

Totenbäume

Bei den Kelten und Germanen galt die Natur als heilig und von den Geistern der Ahnen beseelt. Aus dem Baum stammt die Seele des Menschen und dorthin kehrt sie nach dem Tod zurück, um sich mit den Göttern zu vereinen, die menschliche Eigenschaften aufweisen und wohl vergöttlichte Ahnen sind. In Skandinavien und in den Alpen war der Hausbaum nicht bloß das Symbol des menschlichen Daseins, sondern die zum Menschen hinüberwirkende Parallelität der Lebenskräfte: Was dem Baum geschah, das geschah dem Menschen. Das Fällen heiliger Bäume galt nicht nur als Frevel an den Göttern, sondern besiegelte auch das eigene Schicksal, das mit jenem des Lebensbaumes aufs Engste verknüpft war.

Die kultische Verehrung des Baumes als Totenbaum läßt sich in der Zentralschweiz bis heute nachweisen. Allein in der Gemeinde Ruswil stehen zwei mit Eisenkreuzen gekennzeichnete Bäume, die nach der mündlichen Überlieferung als Aufenthaltsorte Armer Seelen gelten. Und man trifft in den Erzählungen der Alten auch auf die Vorstellung, wonach die Seele des Menschen aus dem Baum kommt und nach dem Tod dorthin zurückkehrt. In der Innerschweiz wurden die Kinder nicht vom Storch gebracht, sondern von der Hebamme aus einem bestimmten Baum geholt, den man Kindlibaum nannte. Im Kanton Luzern kamen die Kinder aus einem morschen und hohlen Baumstrunk oder einfach "aus dem Wald", wie die Kinder der Stadt Luzern, die man sich aus dem Hergiswald kommend dachte. An anderen Orten wohnten die Ungeborenen in Höhlen oder unter bestimmten Steinen, die auch sonst als Aufenthaltsorte der Elfen und Zwerge galten. In Menzingen (Kanton Zug) hat dieser Glaube eine christliche Umdeutung erfahren. Dort kamen die Kinder der Sage nach aus einem hohlen Baum. Als dieser gefällt wurde, holte man sie, wie es heißt, aus einer Holzkiste in Maria Einsiedeln.

Ebenso war der Baum Sitz der Totengeister, denn nach dem Hinschied kehrt die Seele des Menschen dahin zurück. Dieser Glaube, Relikt eines vorchristlichen Jenseitsverständnisses, lebt in modernen Bestattungsritualen fort. Nach dem Tod wird der Mensch in einen Holzsarg gelegt, den man im Kanton Luzern immer noch Totenbaum nennt. Der Sarg symbolisiert die Rückkehr der Lebenden in das Reich der

Ahnen und Naturgeister. Bestimmte Bäume galten bis ins 19. Jahrhundert als von den Verstorbenen beseelt. Wer sich am geheiligten Holz vergriff, forderte die Geister der Ahnen heraus. In einer Sage fand man ein vermißtes Kind ertrunken in einem Bach. Man sah darin das Wirken einer weißgekleideten Jungfrau mit wallenden Haaren, die oft bei den Trümmern einer nahegelegenen Burg gesehen wurde. Das Schicksal dieses weiblichen Wesens, hieß es, sei an eine dort stehende Tanne geknüpft. Dieser Baum aber war gefällt und aus seinem Holz die Wiege jenes Kindes gefertigt worden, das seinen Eltern so früh verloren ging. Aus Respekt vor den ungeschriebenen Rechten der Toten verhinderte der Volksglaube das Fällen heiliger Bäume. Wo es, wie im Kanton Luzern, auf obrigkeitliche Anordnung dennoch geschah, errichtete man Bildstöcke und Kapellen, um die erzürnten Mächte zu beschwichtigen.

Die Vorstellung von der Rückkehr der Seele in den heiligen Baum und die Angst vor der Vereinigung mit dem namenlosen Heer der unerlöst jagenden Naturdämonen und Totengeister kommt in einer Sage aus dem Kanton Aargau besonders offenkundig zum Ausdruck. Als die Frau eines Landmannes im aargauischen Auenstein ein Kind gebar, begehrte eine fremde Frau Einlaß und Nachtquartier. Anfänglich hatte man sie abgewiesen. Dann aber gab der Bauer ihrem drängenden Bitten nach und nahm sie die Nacht über bei sich auf. Als sich die Unbekannte am anderen Tag wieder auf den Weg machte, dankte sie ihrem Gastgeber, wünschte dem Neugeborenen Glück und mahnte die Hausbewohner, auf dieses Kind besonders aufzupassen. Ein Traum von einer hohen Waldtanne, den sie hier in dieser Nacht gehabt habe, deute darauf hin, daß das Kind dazu bestimmt sei, sich vor dem zwanzigsten Lebensjahr das Leben zu nehmen. Das Unheil, fügte die Fremde hinzu, lasse sich abwenden, wenn sich das Kind daran gewöhne, alles im Namen Gottes zu beginnen. Die Hausleute versäumten es nicht, den Rat der alten Frau zu befolgen. Niemals hatte man das Mädchen alleine fortgehen lassen, und ohne Unglück waren neunzehn Lebensjahre vorbeigegangen. Am frühen Morgen, an dem sein zwanzigster Geburtstag kam, verließen Vater und Tochter ihr Heim. Diesen Tag wollten sie gemeinsam im Wald verbringen, damit kein unerwünschter Besuch Anlaß zur schrecklichen Tat geben konnte. Draußen in der Natur war die Lebenslust der jungen Frau kaum zu zügeln. "Sieh den schönen Baum", rief sie, auf eine mächtige Tanne deutend, "auf diesen will ich klettern!" Bei der Tanne zögerte sie plötzlich. "Nun kann ich es nicht mehr!" Der Vater verstand diese Worte. Der Tag verlief ohne Unfall, und die junge Frau war gerettet. Das eigentliche Motiv dieser Sage ist nicht in der Suizidgefahr zu suchen, die mit dem Besteigen der Tanne verbunden gewesen wäre, sondern in der nicht mehr vorhandenen Sehnsucht der Seele, wieder in den Baum der Ahnen zurückzukehren. Die Seele hat ihren Aufenthalt im Baum und wandert von dort ins Reich der Ahnen. Die Geister der Toten, die den Weg ins Jenseits nicht finden, irren umher und machen sich den Lebenden gegenüber bemerkbar. Sie werden beschworen und in Bäume und Balken gebannt. In Ruswil sperrte ein Geistlicher die Seele eines Verstorbenen, die in dunklen Nächten regelmäßig späten Heimkehrern auflauerte und sie belästigte, in einen Baum. Im isländischen Haus der Sagazeit kannte man den Hochsitzpfeiler, ein geschmückter und von den Seelen der Verstorbenen bewohnter Holzbalken, der im Ahnenkult eine wichtige Rolle spielte. Auch in unserem Volksglauben finden wir archaische Relikte vorchristlicher Totenkulte. Ruhelose Wesen, wie die Seele jenes Knechtes, der sich am Firstbalken der Stüssihütte erhängte, bewohnen fast immer bestimmte Holzbalken oder werden in diese gebannt. In einem neuen Haus in Grossdietwil ging ein Geist um, der mit dem Bauholz eines abgebrochenen Gebäudes darin Einzug gehalten hatte. Der Leutpriester sperrte die umherirrende Seele in einen Balken. Dazu bohrte er ein Loch und verschloß die Öffnung mit einem geweihten Zapfen.

Eine derartige Verpflöckung ist im Keller der im 16. Jahrhundert erbauten Ronmühle in Schötz zu sehen. In einem der Stützbalken ist eine spitzgieblige Öffnung eingelassen, die vielleicht zur Aufnahme eines Heiligenbildes bestimmt war. Darüber befindet sich ein mit einem Holzzapfen verschlossenes Loch, in das ein Geist gebannt sein soll. Der ursprünglich herausstehende Zapfen ist abgebrochen. Es wird erzählt, ein Besucher der Mühle habe versucht, den Zapfen mit einem Sackmesser zu entfernen. Dabei sei er ausgeglitten und habe sich an der Hand ernsthaft verletzt.

Die Sträggele, die Schamanin der Geisterwelt

In der Nacht schweifen die Seelen unruhig Verstorbener umher. Sie folgen unsichtbaren Wegen, die seit Menschengedenken einen bestimmten Verlauf nehmen. Mit Rauschen, Tosen und einem Geheul, das demjenigen jagender Hunde ähnlich ist, kündet sich der geisterhafte Zug an. Die "Wilde Jagd", die man an anderen Orten *Wuotisheer*, *Muotiseel* oder *Türstjagd* nennt, zerschmettert unbarmherzig alles, was sich ihr entgegenstellt. Grausam ist das Schicksal der Unvorsichtigen und Spötter. Sie werden zerfetzt und müssen sich dem Gefolge anschließen. In einer Sage aus Fischbach, Kanton Luzern, streckt eine Mutter ihr unfolgsames Kind nachts aus dem Fenster. Doch der Knecht, der sich als Hexe hätte ausgeben und das Kind erschrecken sollen, kommt zu spät. An seiner Stelle erscheint die im wilden Heer mitreitende Nachthexe, die *Sträggele*, die der Mutter das schreiende Kinde entreißt. Am nächsten Morgen fanden die Leute bei der Kreuztanne, die früher in der Nähe der Liegenschaft Ober-Gretti stand, Beinchen und Haare des Kindes sowie einige Fetzen von seinen Kleidern. Als die Kreuztanne später gefällt wurde, floß Blut aus dem Holz. Als Zeichen der Versöhnung mit den hier wirkenden Mächten errichtete man ein steinernes Kreuz, an dem jenes Eisenkreuz angebracht ist, das früher an der Tanne hing. Dieses Kreuz steht noch heute; das in der Nähe stehende Wäldchen gilt immer noch als Aufenthaltsort unruhiger Seelen. Es wird erzählt, daß es in seiner Nähe mehrmals zu unliebsamen nächtlichen Begegnungen mit geisterhaften Wesen und gespenstischen schwarzen Hunden kam.

Die kindertötende *Sträggele* ist hier nicht im Zusammenhang mit einem (vielleicht sogar tatsächlich geschehenen) Verbrechen zu sehen. Vielmehr steht sie in enger Beziehung zur Reise der Seele ins Jenseits. Die Mutter, die in der Sage ihr unfolgsames Kind aus dem Fenster hält, liefert es nicht der Nachthexe, sondern dem Tod aus. Das gleiche Motiv liegt auch dem bekannten Märchen Hänsel und Gretel zugrunde.

Dort lauert die Hexe den verirrten Kindern auf, die in der unbekannten Wildnis absichtlich ihrem Schicksal, dem Tod, preisgegeben werden. Im übertragenen Sinn unternehmen die Seelen der Kinder eine Reise in eine Zwischenwelt. Doch sie entrinnen dem Tod (der Hexe) und kehren wieder ins Leben zurück.

In ihrer ursprünglichen Bedeutung ist die *Sträggele* ein zwischen dem Diesseits und dem Jenseits stehendes Wesen, das die Seelen der Verstorbenen abholt und auf ihrem gefährlichen Weg ins Reich der Toten begleitet. In gewissem Sinne ist sie die Schamanin der Geisterwelt. Sie nimmt die Seelen der Verstorbenen in Empfang und gliedert sie in das von *Wotan* angeführte Heer der Toten ein. Erst durch die Christianisierung hat sie eine negative Umdeutung erfahren. In der mündlichen Überlieferung ist die *Sträggele* (*Striga*, *Strega*) eine eigenständige Gestalt. Dem Wesen nach ist sie die Urform der späteren Hexe, die den Namen von ihrem bevorzugten Aufenthaltsort in Hecken hat. Das Wort Hexe ist von *hagzussa* (Zaunreiterin) abgeleitet, und wie diese wohnt auch die *Sträggele* in unzugänglichen Wäldern, auf Baumwipfeln, besonders aber in den verfilzten Hecken, mit denen früher die Dörfer eingezäunt waren. In seiner ursprünglichen Bedeutung galt der Zaun nicht nur als Schutz gegen wilde Tiere, sondern auch als Bannkreis gegenüber dämonischen Mächten. Jenseits des Zaunes war der Mensch bösartigen Naturgeistern ausgeliefert, sofern er nicht geeignete Vorkehrungen traf und sich der Hilfe gutartiger Wesen versicherte, die ihn durch die unbekannte Wildnis geleiteten. Im übertragenen Sinn verläßt auch die Seele des Verstorbenen die Gemeinschaft und begibt sich in eine neue unbekannte Welt, wobei der Zaun die Schwelle zum Unbekannten, zum Tod symbolisiert. Hier werden die Seelen, die sich beizeiten mit dem Jenseits vertraut gemacht haben, erwartet und in das Reich der Toten geleitet. Die übrigen irren ruhelos umher, bis auch sie von ihrem Dasein erlöst werden. Das bekannte *Sträggelechäppeli* in Sempach ist somit im Zusammenhang mit dem Totenvolk zu sehen, das in ruhigeren Tagen hier vielleicht einmal vorbeizog. In der Kapelle brachte man Opfer dar, um die jenseitigen Wesen günstig zu stimmen. Heute noch hängen im düsteren Innern Votivgaben aus Wachs und Holz und ein vor Jahrzehnten gestiftetes Flachsknäuel, das in einer Zeit, in der diese Bräuche der Vergessenheit anheim fallen, nicht als Opfergabe, sondern als "Zopf" des von der *Sträggele* entführten Kindes gehalten wird.

Tod, Aufenthalt in einer Zwischenwelt, Eintritt in ein neues jenseitiges Leben: Unschwer lassen sich hier die in fast allen Religionen bekannten Stationen eines Übertritts in eine andere Dimension erkennen, die im Christentum in Himmel und Hölle unterteilt wird. Mit einem gottergebenen Leben soll sich der Mensch auf das Leben nach dem Tod vorbereiten. Beschwörend mahnt eine Inschrift im 1575 geweihten Beinhaus von Kirchbühl bei Sempach:

"Lerne sterben / wilst du dene nit ins Teüffelsreich verderben
da du Ewig brennen müstest. O Sieh / Lerne sterben."

Geisterwesen als Krankheitsbringer

In vielen Erzählungen treten die Armen Seelen als Lichtgestalten auf. Die Erscheinungen reichen von kopflosen feurigen Gestalten bis zu hell lodernden Gerippen. Nicht selten erkennt man in ihnen verstorbene Personen. Eine Abschwächung sind einfache wandelnde Lichter, die einer von unsichtbarer Hand getragenen Laterne ähnlich sehen. Das Licht kann aber auch weniger deutlich auftreten und wird dann als heller Schein wahrgenommen. Die Begegnung mit diesen Lichtern bleibt selten ohne Folgen. Von geschwollenen Gesichtern, Schweißausbrüchen verbunden mit einem Frösteln und sogar von plötzlichem Tod ist die Rede.

In der Gemeinde Ruswil ist bei einer Hecke oberhalb der Liegenschaft Buechmatt regelmäßig ein derartiges Licht aufgetaucht. Gewöhnlich nahm es seinen Anfang beim Schwerziwald, wanderte dann auf die Höhe, um sich schließlich unterhalb eines dort stehenden Kreuzes langsam Buechmatt zu nähern. Auf halbem Weg zwischen Kreuz und Gehöft folgte es der dort stehenden Hecke. Diese führte zu einem in der Nähe liegenden Wäldchen, wo sich das Licht im Nichts auflöste. Die Begegnung mit ihm brachte einem deutschen Zimmermann den Tod. Andere kamen mit dem Schrecken davon oder hatten am anderen Tag ein geschwollenes Gesicht. Die nachfolgend erzählte Geschichte des deutschen Zimmermanns ist 1992 in "Himmel und Hölle" publiziert worden. Sie zeigt, daß Krankheit und plötzlicher Tod oft dem Wirken dieser Wesen zugeschrieben wurden.

Der 1908 verstorbene Großvater eines Erzählers aus Ruswil beschäftige in seinem Betrieb regelmäßig deutsche Zimmergesellen, die ab und zu in die Zentralschweiz kamen. Einer dieser Gesellen, ein rauher und unerschrockener Bursche, half beim Neubau der Scheune im nahegelegenen Hof Untereichig. In dieser Zeit erfuhr er vom Gerede um das geheimnisvolle Licht bei Buechmatt. Zusammen mit einigen Knechten beabsichtigte er, das Geheimnis zu lüften. Zur verabredeten Zeit begaben sich der Zimmergeselle und seine Freunde zu jenem Kreuz, in dessen Nähe die wandelnde Gestalt regelmäßig vorbeikam. Etwa um Mitternacht erschien tatsächlich ein seltsam flackerndes Licht. Von der Höhe herkommend stieg es gegen Buechmatt ab und hielt auf die Hecke zu. Die Burschen waren ob diesem Anblick unschlüssig, ob sie sich noch weiter vorwagen sollten. Schließlich faßte sich der Zimmergeselle ein Herz und ging auf den Laternenträger zu. Als er sich diesem näherte, gewahrte er eine weiße Gestalt, die sich plötzlich in einen hellen Lichtschein verwandelte und sich dann im Nichts auflöste. Schweißüberströmt und vom Erlebten gezeichnet, hastete der Zimmergeselle zu seinen Begleitern zurück. Er berichtete ihnen von der unheimlichen Begegnung und bat sie, ihn heimzubringen. Von diesem Erlebnis erholte sich der junge Mann nicht mehr. Einige Tage später starb er.

Dieses Beispiel zeigt, daß der Volksglaube nicht nur Sturmwinde, sondern auch Krankheit und Tod auf das Wirken böser Geister und Dämonen zurückführte. Diese Auffassung hat sich in der Umgangssprache erhalten. Von schlagenden und schießenden Wesen ist da die Rede und von Kobolden, die dem Kranken aufhocken, ihm auf die Brust kriechen und ihm das Atmen erschweren; vom Schlag getroffen; Hexenschuß; es (wer genau?) hat ihn ins Bett gelegt. Gegen diese Bedrohungen helfen vielfältige Schutzmittel, Kreuze, Benediktuspfennige, Korallen und geweihtes Wasser, um nur einige zu nennen. Ein Multifunktionsamulett ist das Breverl. Es besteht aus verschiedenen Heiligenbildchen, doppelbalkigen Kreuzen, Segenstexten, apotropäisch wirkenden Pflanzen und geweihten Tonpartikeln, Dinge, die den Besitzer gegen alle möglichen Gefahren und Gebresten schützen sollen. Nie fehlen das Anastasiushaupt (Kopfschmerzen), der Dreikönigssegen (Fallsucht), ein Bild des hl. Sebastian (Pest, Seuchen), ein Benediktussegen (Hexenwerk) und das doppelbalkige Kreuz (Unwetter, Blitzschlag). Einige dieser Zeichen werden auch an einem Kettchen getragen oder in die Geldbörse gesteckt, damit sie den Besitzer vor Krankheit und plötzlichem Tod bewahren.

Eine meiner Gewährspersonen, auch sie ist inzwischen verstorben, ging nie ohne Herz-Jesu-Bildchen und Weihwasser-Fläschchen aus dem Haus. Der Mann versicherte mir, daß ihn diese Vorsichtsmaßnahme gegen Neid und bösen Zauber schütze. Eine ältere Frau legte am Abend ein mit einer Mullbinde umwickeltes Bajonett ins Bett. Das helfe gegen die Nachtdämonen, die sie würgten und ihr "den Schnauf abstellten". In einem kleinen Beutel, den ich aus dem Nachlaß einer anderen Person erhielt, befinden sich auf kleine Zettelchen gedruckte Schutzsegen, in Papier eingewickelte Pflanzenstengel, Sand von der Geburtsstätte des hl. Franziskus und gegen Hexen schützendes Osterwachs. Ihre Wirkung entfalten diese Dinge nicht durch besondere Inhaltsstoffe, sondern durch die Heiligkeit, die man ihnen zuschreibt. Sie sind demzufolge als Schutz gegen die Dämonen gedacht, welche nach altem Glauben die Krankheiten verursachen. Der Gebrauch dieser apotropäisch wirkenden Gegenstände ist in der Zentralschweiz für die Zeit zwischen 1986 und 1994 belegt. Er bestätigt, daß sich der Glaube an das Wirken von Krankheitsdämonen bis in die neueste Zeit erhalten hat.

Menschen, die dennoch von Gebresten heimgesucht wurden, gingen zu einem besonders befähigten Waldbruder, der ihnen im Namen Gottes die Krankheitsdämonen austrieb. Obschon bei diesen Riten Christus, Maria und die Heiligen angerufen werden, haben sie kaum etwas mit dem Glauben zu tun, der von der Kirche verkündet wird. Statt dessen erinnern sie auffällig an die schamanistischen Praktiken einiger mittel- und südamerikanischer Heiler, die ihren Patienten die Krankheitsdämonen ebenfalls mit Zaubersprüchen und christlichen Exorzismen austreiben. Und beide begeben sich zu diesem Zweck durch nur ihnen bekannte Rituale auf eine höhere Bewußtseinsebene, wo sie den dort wirkenden Dämonen entgegentreten und sie aus der Umgebung des Kranken vertreiben.

Fast alle der heute im Alpenraum tätigen Heiler sind nicht mehr in eine lebendige Tradition eingebunden. Sie haben ihre Technik selbst erlernt, von Gott erhalten oder auf welche Art auch immer selbst "entdeckt". Die wenigen traditionellen Heiler, die dem Bild des eurasischen Schamanen vielleicht noch am ehesten entsprechen, verwenden bei ihren Heilungen christliche Segensgebete und Exorzismen. Alle sind von einer Frömmigkeit geprägt, die meistens über das hinausgeht, was von der Kirche als richtig und wünschbar erachtet wird. Keiner sieht sich selbst als Träger eines uralten Wissens, sondern als verlängerter Arm Gottes. Dieser Umstand erklärt sich aus der

Vorstellung, wonach alles Schädliche (Krankheiten, Besessenheit, Depressionen) auf das Wirken des Teufels und seiner Helfer zurückzuführen ist. Im Kampf gegen die Mächte der Finsternis kommen indes nur Gott, die Heiligen und die ihnen geweihten Gegenstände in Frage. Zu diesen gehören gesegnete Heiligenbildchen, christliche Exorzismen und Gebete, geweihtes Wachs, Weihwasser, am Dreifaltigkeitstag gesegnetes Salz sowie gesegnete Kreuze und Medaillen.

Einen noch aktiven traditionellen Heiler zu porträtieren, sein Bild und seinen Namen zu veröffentlichen, ist nicht einfach. Der einzige mir Bekannte gab zwar erschöpfend über sein Fühlen und Denken Auskunft, wollte aber anonym bleiben. Ein anderer, der dazu bereit gewesen wäre, entspricht indes nicht dem traditionellen Heiler, wie ich ihn oben beschrieben habe. Aber es gibt einen geschichtlich zu fassenden Waldbruder, dessen Segnungen und Beschwörungen mit den heutigen weitgehend übereinstimmen.

Über sein Wirken wissen wir nur Bescheid, weil er 1826/1827 im "Schweizerboten" mehrmals aufs Heftigste kritisiert wurde. In seiner Kapelle, die heute noch neben der einstigen Klause steht, befand sich ein "bunt geschmücktes Marienbild, das er mit den kostbarsten und nach der neuesten Mode verfertigten Göllerketten und Kleinodien" zierte.

Am 10. August 1826 schrieb im "Schweizerboten" ein gewisser J. B., der von der Aufklärung offenbar eine etwas zu hohe Dosis mitbekommen hatte: "Im Flüss (Gemeinde Nottwil) haust ein kräftiger Waldbruder, der auf eine ganz einfache und äußerst wohlfeile Manier Kranke wieder gesund machen will. Die Kur ist diese: Ein von seiner Hand geschriebener lateinischer Zettel wird der kranken Person unter gewissen Gebet- oder Zauberformeln auf die Brust gelegt, und sie soll genesen. Der Waldbruder freilich versteht kein Latein, aber man merkts dem Kauderwelsch bald genug an, woher es kommen mag. Es heißt: 'In nomine Domini Jesu Christi ego vobis omnibus daemonibus infernis veto, ne molestis hunc hominem', zu deutsch: 'Im Namen unseres Herrn Jesu Christi verbiete ich euch höllischen Geistern allen, diesen Menschen zu belästigen'. Das ist alles. Hilfts nicht, so haben die Leute keinen Glauben gehabt an die Allmacht Gottes."

Half dieser einfache Bannspruch nichts, mußte der Kranke auf den Boden knien. Darauf strich ihm der Waldbruder geweihtes Wasser auf die Stirn, wobei der Patient angehalten wurde, sich zu bekreuzigen. Dann nahm der Heiler in seine Rechte eine Messingdose und einen großen Rosenkranz, schüttelte beides dreimal, bekreuzigte sich dreimal und hielt dem am Boden Knienden beides an die Stirn. Dazu sprach er: "Gloria sit tibi, Domine!" und anschließend den Anfang des Evangeliums nach Johannes. Diese Prozedur wurde solange wiederholt, bis der Patient vom bösen Geist befreit war. Danach bekreuzigte der Heiler sich und den Patienten wieder dreimal, betete mit ihm das Ave Maria und entließ ihn mit etwas Gesegnetem, das in Papier eingewickelt war und immer bei sich getragen werden sollte ("Schweizerbote" vom 8. Februar 1827).

Bei der Messingdose, dem *messingenen trucklin*, handelt es sich wohl um einen jener kleinen Reliquienbehälter, die sich in volkskundlichen Sammlungen in großer Zahl finden. Sie enthalten Reliquienpartikel verschiedener Heiliger, geweihtes Osterwachs (Agnus Dei), Kreuze oder wundertätige Medaillen. Amulette dieser Art werden von einigen Gesundbetern noch heute bei ihren Ritualen verwendet oder als vielfältig wirkender Schutzzauber bei sich getragen.

Zusammenfassung

Im Alpenraum gibt es keine Heiler, die dem Bild des traditionellen eurasischen Schamanen entsprechen würden. Aber es gibt eine mündliche Tradition. Und es gibt die nach wie vor lebendige Vorstellung von der Reise der Seele ins Jenseits. Wie viele mittelamerikanischen Schamanen verwenden auch die alpenländischen Heiler bei ihren Ritualen christliche Gebete, Segenssprüche und Zeichen. Das kann aber nicht darüber hinwegtäuschen, daß es sich dabei um die Praktiken einer ursprünglichen Kultur handelt. Für den Forscher stellt sich die Aufgabe, dieses Über- und Nebeneinander zu entwirren und seiner ehemaligen Bestimmung gemäß einzuordnen. Zu einem Ganzen zusammen gefügt zeichnen die einzelnen Teile ein weit in die Zeit zurückreichendes homogenes Weltbild, das vom Christentum im Laufe der Zeit zwar zugedeckt oder umgedeutet, aber nicht verdrängt worden ist.

Literatur:

(Die aufgeführten Arbeiten basieren zum Teil auf der mündlichen Überlieferung im Raum Rottal und Luzerner Hinterland.)

1988 Wetterhexen und Schauerkreuze. Ein Beitrag zur Geschichte der doppelbalkigen Kreuze in der Luzerner Landschaft, in: Heimatkunde des Wiggertals, Heft 46/1988, S. 99 - 116. Heimatvereinigung Wiggertal (Hg.), Willisau.

1988 Der hl. Antonius von Padua in Wettersegen, in: Schweizer Volkskunde. Korrespondenzblatt der Schweizerischen Gesellschaft für Volkskunde, Heft 4/1988, S. 49 - 57. Verlag G. Krebs AG, Basel 1988.

Merkwürdiges aus Buholz. Eine Spurensuche. Buchverlag Willisauer Bote, Willisau 1989.

1992 Hagelfurcht und Strafe Gottes, in: Anzeiger vom Rottal vom 28.8.1992, Seite 13. Verlag Anzeiger vom Rottal, Ruswil.

Himmel und Hölle. Buchverlag Willisauer Bote, Willisau 1992.

Wind und Wetter. Die Bäuerliche Wettervorhersage und Unwetterabwehr. Schellen-Verlag, Wollerau 1994.

Beseelte Bäume und tanzende Hexen. Aufsätze zu Josef Zihlmanns "Heilige Bäume und Orte", in: Heimatkunde des Wiggertals, Heft 53/1995, S. 161 - 180. Heimatvereinigung Wiggertal (Hg.), Willisau.

Nächtliche Tänze und blühende Hanffelder im Luzerner Hexenwesen, in: Christian Rätsch/John R. Baker (Hg.): Jahrbuch für Ethnomedizin und Bewußtseinsforschung/Yearbook for Ethnomedicine and the Study of Consciousness, Nummer/Issue 4/1995, S. 115 - 142. Verlag für Wissenschaft und Bildung (VWB), Berlin.

Innerschweizer Liebestränke. Eine Sammlung ‚vergessener' Rezepte, in: Christian Rätsch/John R. Baker (Hg.): Jahrbuch für Ethnomedizin und Bewußtseinsforschung/Yearbook for Ethnomedicine and the Study of Consciousness, Nummer/Issue 5/1996, S. 79 - 97. Verlag für Wissenschaft und Bildung (VWB), Berlin.

Eine Amulettkette gegen Fallsucht und Besessenheit, in: Stiftung Dr. Edmund Müller (Hg.): Schutz & Zauber. Amulette und Talismane in der Sammlung Dr. Edmund Müller, S. 8 - 17. Helyas-Verlag, Beromünster.

Die Anwendung von Nelkenwurz und Muskatnuß im alpenländischen Liebeszauber, in: Christian Rätsch/John R. Baker (Hg.): Jahrbuch für Ethnomedizin und Bewußtseinsforschung/Yearbook for Ethnomedicine and the Study of Consciousness, Nummer/Issue 5/1996, S. 79 - 97. Verlag für Wissenschaft und Bildung (VWB), Berlin.

__Kurt Lussi__ ist wissenschaftlicher Mitarbeiter am Historischen Museum Luzern und Konservator der volksreligiösen Sammlung im Schloß Wyher in Ettiswil, Schweiz. Sein Forschungsschwerpunkt ist die Praxis des Volksglaubens im Alpenraum. Obschon der Schamanismus im Alpenraum den Wandel der Zeit nicht als lebendige Tradition überdauert hat, lebt er in den Ritualen und im Zauberglauben des Volkes weiter.

Oruc Güvenc

DER KLANG DES HERZENS

Von Gerhard K. Tucek

Die erste Begegnung

Meine erste Begegnung mit Oruc Güvenc kündigte sich vor nunmehr sechzehn Jahren auf recht sonderbare Weise an. In einer Zeit großer innerer Zweifel und äußerer Umbrüche hatte ich eines Nachts einen für meinen weiteren Lebensweg entscheidenden Traum: Ich wurde gemeinsam mit einer Gruppe von Menschen durch ein prunkvolles, schloßartiges Gebäude geführt. Von dort aus geleitete man uns in einen Park, in dem sich die Menschen allerlei Spielen und Belustigungen hingaben. Dort vernahm ich eine Musik, die mich gemahnte, meine Zeit nicht mit unnützem Spiel zu vergeuden. Ich verließ die Gruppe und kehrte – dem Klang der Musik folgend – allein in das Gebäude zurück. Ich durchschritt Zimmer für Zimmer, die Musik immer deutlicher vernehmend. Eine Stimme geleitete mich und kündigte an, daß u. a. diese Musik von großer Bedeutung in meinem Leben sein werde.

Von diesen Worten und den darauffolgenden Traumereignissen tief bewegt, wachte ich auf. Selbst im Wachzustand war ich von dem von dieser Musik ausgehenden ekstatischen Lebensgeschmack so sehr erfüllt und belebt, als wäre jede einzelne meiner Zellen selbst Musik. Damit einher ging eine mir zuvor unbekannte tiefe Sehnsucht, welche sich jedoch weder an einer bestimmten Person noch an einer bestimmten Situation oder Sache festmachen ließ. Dieser seltsame, mit Worten nicht ausreichend beschreibbare Zustand hielt über mehrere Tage hinweg an.

In diesen Tagen bat mich eine Freundin, einen mir noch unbekannten türkischen Musiker vom Wiener Flughafen abzuholen und zum Konzertsaal zu bringen. Sie beschrieb sein Äußeres und meinte, ich würde ihn u. a. an seiner Körpergröße erkennen, da er auf Grund eines Rückenleidens ein eher klein gewachsener Mann mit offenen, hellen Gesichtszügen sei. Als zweites typisches Erkennungsmerkmal wurde mir die zu erwartende große Anzahl von Instrumentenkoffern und Taschen genannt, mit der Oruc anreisen würde. Ich wußte damals noch nicht, daß großes Reisegepäck kein ausreichendes Erkennungsmerkmal für einen Menschen aus der Türkei ist, denn aus dem Flughafengebäude ergoß sich ein Strom von Menschen, auf die diese Beschreibung zutraf. Dennoch, die Personenbeschreibung war eindeutig genug, um Oruc sofort zu erkennen. Es war wie ein Déjà-vu-Erlebnis. Oruc erschien mir nicht fremd, als ich ihn erstmals sah. Ich erfuhr später, daß er als Psychologe, Musikethnologe und Musiktherapeut an der psychiatrischen Universitätsklinik in Istanbul arbeitete. Herr Güvenc bzw. Oruc – wie er angesprochen werden wollte – war nach Wien gekommen, um ein Konzert mit Volksmusik zentralasiatischer Turkvölker sowie Musik der Sufis – der islamischen Mystiker – zu geben. Da ich mir darunter nichts vorstellen konnte, blieb ich aus Interesse zum Konzert da.

Die von Oruc gespielte Musik versetzte mich wieder in jenen ekstatischen Zustand, den ich aus dem zuvor geschilderten Traum kannte. Als ich Oruc nach dem Konzert davon erzählte, lud er mich ein, mit ihm nach Istanbul zu kommen, um dort einige Zeit in seinem Haus zu verbringen. All meine anerzogene Vorsicht gegenüber Fremden über Bord werfend, willigte ich, ohne zu zögern, ein. Oruc ließ sein Rückflugticket verfallen, und wir vereinbarten statt dessen mit unserer gemeinsamen Bekannten in meinem Wagen nach Istanbul zu fahren.

Ich versuchte, mich vor der langen Reise noch ein wenig auszuruhen, war aber viel zu aufgeregt, um schlafen zu können. So war ich zwei Stunden später bereits wieder hell wach. Als ich das Zimmer betrat, in dem sich Oruc und andere Besucher aufhielten, begab sich etwas, was ich im Verlauf der vielen gemeinsamen Jahre als typisch für Orucs Leben und Handeln kennenlernte: Unser Reiseziel hatte sich geändert. Anstelle nach Istanbul zu fahren, brachen wir nach Budapest auf. Während ich ruhte, hatte Orucs damaliger Klinikchef, Prof. Ayhan Songar aus Budapest, angerufen. Neslihan, seine Tochter und ehemaliges Mitglied in Orucs Musikgruppe TÜMATA, lebte dort seit einiger Zeit mit ihrem Ehemann, der als Diplomat in dieser Stadt seinen Dienst versah. Neslihan hatte große Sehnsucht nach ihrer Heimat, und Oruc wurde gebeten, ihr Heimweh durch seinen Besuch ein wenig zu lindern.

Wir erreichten die österreichisch-ungarische Grenze gegen 1 Uhr 30 morgens. Im Jahr 1984 war diese Grenze noch Teil des "Eisernen Vorhangs". Man öffnete das Gepäckabteil unseres Wagens und begutachtete die seltsam anmutenden Musikinstrumente. Wenige Minuten später fand ich mich in einer weiteren – für Oruc typischen – Szene wieder: Wir spielten und tanzten für eine immer größer werdende Zahl bewaffneter Grenzpolizisten vor dem geschlossenen Grenzbalken. Etwa zwanzig Minuten später ließ man uns freundlich winkend und ohne weitere Kontrollen weiterfahren.

In Budapest angekommen, machte ich eine weitere, mich seltsam anmutende Erfahrung: Vier Autostunden von meiner Heimat entfernt saß ich unter mir fremden Menschen, die ihrerseits an diesem Ort an ihrem Fremdheitsgefühl litten. Die Musik verwandelte meinen Widerstand gegen diese ungewohnte Situation. In meinem Inneren stieg ein Gefühl hoch, welches sich eines sprachlichen Ausdrucks entzog. Obwohl Orucs Musik für meine Ohren immer noch ungewohnt klang, rührte sie in mir eine Dimension an, die mir Tränen in die Augen steigen ließ – eine Reaktion, die ich seither unzählige Male auch bei vielen anderen Menschen bei Konzerten beobachten konnte.

Wir blieben das gesamte Wochenende, und am frühen Sonntagmorgen führte uns Neslihan auf eine Anhöhe über der Stadt. Dort liegt das Grab von "Gül Baba", einem islamischen Mystiker des 16. Jahrhunderts. Ihm schreibt die Legende zu, die Rose nach Ungarn gebracht zu haben. Ich erinnere mich noch genau an die Morgenstimmung am Mausoleum, welches von Rosensträuchern umrankt war, die im Morgentau glitzerten. Als wir vor Gül Babas Schrein standen, wandte sich Oruc zu mir und erzählte folgende Geschichte: "Einer meiner Freunde beobachtete eine Nachtigall, die mit größter Anstrengung versuchte, mit ihrem Schnabel an den Grund einer Rosenknospe zu gelangen. Je intensiver sie dies versuchte, desto stärker verletzte sie sich an den Dornen. Doch je stärker sie blutete, desto bedingungsloser versuchte sie in das Innere der Knospe zu gelangen." Von einem Moment auf den anderen schoß mir ein Tränenschwall in die Augen, und ich weinte stundenlang, ohne den Grund dafür zu begreifen.

Einige Tage später kamen wir in Istanbul an, und ich verbrachte die nächsten Wochen in Orucs Haus. Während dieser Zeit konnte ich beobachten, wie eng sein Leben mit dem Sufitum verwoben ist. Alles, was er tut, ist durchdrungen von dem Wunsch, Gott und den Menschen zu dienen. Oruc wurde und blieb seit damals für mich die Leitfigur für ein geistiges Leben, welches seine Konkretion im Alltag findet und tiefe Spiritualität mit alltäglichem Tun verbindet.

Orucs musikalische Anfänge

Um die facettenreiche Persönlichkeit Oruc Güvenc besser verstehen zu können, möchte ich über einige exemplarisch ausgewählte biographische Eckdaten seines Lebens und über persönliche Erfahrungen mit ihm erzählen:

Oruc ist der zweite von drei Söhnen einer Familie, die Anfang des vergangenen Jahrhunderts aus Zentralasien nach Anatolien gekommen war. Sein Vater hat tatarische Vorfahren, seine mittlerweile verstorbene Mutter ebenfalls tatarische als auch kirgisische.

Prägend für Orucs musikalisches Verständnis war zweifellos die Musikverbundenheit der Familie mütterlicherseits, in der oft musiziert und gesungen wurde. Oruc erkannte schon in jungen Jahren, daß die Wurzeln der türkischen Musik nicht in Anatolien, sondern vielmehr in Zentralasien zu finden sind. Vor allem das pentatonische Musikerbe, welches später für seine Arbeit so bedeutsam sein würde, hat dort seine Heimat.

Ein Schlüsselereignis in Orucs Leben war ein Traum, den er im Alter von zwölf Jahren hatte. Ein ihm unbekannter Mann trat im Traum auf ihn zu und legte ihm eine Geige in den Arm: "Spiel!", so lautete die Aufforderung an den Knaben. "Ich kann nicht Geige spielen." "Du kannst es!" Und tatsächlich begann er im Traum, auf dem Instrument zu musizieren.

Als Oruc am nächsten Morgen den Traum seinem Vater erzählte, machte dieser sich sogleich mit ihm auf die Suche nach einem geeigneten Instrument, welches er auch fand.

Dies war der Anfang für Orucs außergewöhnlichen musikalischen Weg, der ihn zu einem Pionier werden und – seinem Wesen gemäß – auf je eigenen Pfaden wandeln ließ. Hierbei spielten auch weiterhin Visionen und Träume eine wichtige Rolle. Die Orientalistin Annemarie Schimmel schreibt im Vorwort ihres Buches "Die Träume des Kalifen" (1998): "Sagt nicht auch ein dem Propheten zugeschriebenes Wort, daß der Traum wie ein Vogel über dem Menschen schwebt, bis man ihn erzählt? Dann aber verwirklicht er sich... Für uns ist seit Descartes die Tür zwischen Tag und Nacht geschlossen, die Grenzlinie zwischen dem intellektuell Gewußten und dem Geahnten verhärtet, und so ist der Traum bei den meisten modernen Menschen nicht mehr Teil des wirklichen Lebens, wie er es einst war. Das zeigt unsere klassische Literatur – nicht nur die deutsche – mit ihren Traumgedichten, mit Dramen von Calderon bis Grillparzer: Man wußte um die Traumwelt als einen der wichtigsten Aspekte des Lebens – "und drei sind eins: ein Mensch, ein Ding, ein Traum." (Hofmannsthal). Bei den Muslimen war und ist der Traum noch deutlicher als Blick in eine höhere Wirklichkeit erkennbar..."

Fazil Bey

Hüsameddin Effendi

Der Sufiweg

Einige Monate später eröffnete sich für Oruc jene Dimension, die seither seinen Lebensmittelpunkt darstellt: der sufische Weg. Während einer spiritistischen Sitzung, an der Oruc teilnahm, wurde durch ein Medium die Botschaft übermittelt, daß die Gruppe von jungen Freunden in den nächsten Tagen einen Mann kennenlernen würde, der für ihre geistige Entwicklung von großer Bedeutung sein würde. Tatsächlich machte Oruc drei Tage später die Bekanntschaft mit Fazil Güvey, seinem ersten Sufimeister. Er war sowohl Imam als auch Mystiker in Tavsanli, seinem Geburtsort, der in einem Braunkohlerevier etwa sechs Autostunden südöstlich von Istanbul liegt.

Fazil Bey war Schüler von Seyid Ahmed Hüsameddin Effendi aus Dagistan/Kaukasus gewesen, der für den Sufismus seiner Zeit eine wichtige Persönlichkeit war. Fazil Bey verbrachte zwei Jahre bei diesem großen Meister, ohne ihm eine Frage zu stellen. Auf alle Fragen fand er in seinem Herzen die entsprechende Antwort. Diese Form der Kommunikation zwischen Lehrer und Schüler erscheint einem Mitteleuropäer eher ungewöhnlich. Wahrscheinlich liegt hierin tendenziell der wesentlichste Unterschied zwischen östlich und westlich geprägter Kommunikation: Der Europäer hat über Jahrhunderte hinweg auf einer horizontalen Ebene den verbalen Dialog perfektioniert, während der östliche Mensch auf einer vertikalen Ebene den inneren Dialog zwischen den unterschiedlichen Dimensionen, Wesenheiten und Welten verfeinert hat.

Die Geschichte nahm folgenden Verlauf: Fazil Bey war im Begriff, seinen Militärdienst abzuleisten. Er war gemeinsam mit den anderen, ebenso uniformierten Rekruten seines Jahrganges am Zielbahnhof eingelangt, als ein ihm unbekannter Mann im Getümmel an ihn herantrat und fragte: "Bist Du Fazil Güvey?" Als er dies bejahte, forderte ihn der Unbekannte auf, ihm zu folgen, da ihn jemand sprechen wollte. Fazil Bey folgte dem Unbekannten, der ihn zu Seyid Ahmed Hüsameddin Effendi führte. Dieser teilte ihm mit, daß er ihn – so er bereit sei – als Schüler annehmen würde. Von nun an stellte er seinem Meister keinerlei Fragen mehr und sprach nur, wenn eine konkrete Frage an ihn gerichtet wurde. Fazil Bey erklärte später seinem Schüler Oruc: "Wann immer ich eine Frage hatte und sie in meinem Herzen an meinen Lehrer richtete, erhielt ich die entsprechende Antwort, so meine Frage von Bedeutung war."

Oruc verbrachte etwa sieben Jahre bei Fazil Bey, der in ihm die Grundlagen für sein heutiges mystisches und religiöses Verständnis legte. Er lehrte ihn, zwischen den unterschiedlichen Dimensionen des Islams zu differenzieren. Dabei stellte er schon am ersten Tag ihres Beisammenseins die Frage: „ Kennst Du das Buch `Das Ewige Rätsel´ von Ahmed Hilmi? Lies es, es wird Dir das Wesen der *vahted al vujud* (Philosophie der Einheit) erklären."(1)

Zweifellos wird der Islam in Europa zur Zeit mit eher gemischten Gefühlen rezipiert. Das mag vielerlei Gründe und Ursachen haben, auf die ich hier nicht näher eingehen möchte. Eine sehr prägnante Geschichte vermag jedoch zu veranschaulichen, wie unterschiedlich die Verständnis- und Zugangsebenen zu dieser Religion sein können: Ein junger Derwisch bat seinen Meister um Unterweisung, worin der Unterschied zwischen *Scheriat* (Gesetzesislam), *Tarikat* (dem sufischen Ordensweg), *Hakikat* (das Finden der göttlichen Wahrheit) und *Marifet* (das Leben aus dieser Wahrheit) bestehe.

Der Meister sandte seinen Schüler in eine bestimmte Moschée mit dem Auftrag, einen von ihm genau beschriebenen Mann während des Gebets ins Gesicht zu schlagen. Der Derwisch tat wie ihm aufgetragen und kehrte mit "leuchtender Backe" zu seinem Meister zurück. "Dies ist *Scheriat*, die Ebene des Gesetzes. Hier gilt Aug um Aug, Zahn um Zahn".

Nun sandte der Meister seinen Derwisch mit demselben Auftrag in eine andere Moschée. Als er dem dort vorgefundenen Mann ins Gesicht schlug, wandte sich dieser um und fragte: "Siehst du nicht, daß ich im Gebet stehe, warum schlägst du mich?" Der Meister erklärt: "Dieser Mann steht auf der Stufe des *Tarikat*: Er hat sich auf den Weg zu innerer Erkenntnis begeben, doch besteht für ihn noch die Trennung zwischen Innen- und Außenwelt. Somit ist er noch Gefangener des dualitären Denkens."

Als Nächstes sandte er den Schüler mit demselben Auftrag in eine weitere Moschée: Als der Derwisch der dort vorgefundenen Person ins Gesicht schlug, ließ sich diese nicht von ihrem Gebet abbringen. Der Meister erklärend: "Dieser Mensch hat zur göttlichen Wahrheit gefunden. Er unterscheidet nicht mehr zwischen Innen- und Außenwelt und wußte um deinen Auftrag. Alles, was ihm widerfährt, nimmt er hingebungsvoll an."

Ich bin der Auffassung, daß eine derartige Differenzierung für die verstehende Annäherung an den Islam wesentlich ist. Auf der Ebene einer *Scharia*-Orthodoxie ist eine friedvolle Koexistenz unterschiedlicher religiöser Bekenntnisse und Wege nur schwer möglich. Dort aber, wo es um Verinnerlichung und Überwindung starren "Rechthabens" geht und um die Erweckung einer umfassenden Liebesfähigkeit im Herzen, wird die islamische Mystik zu einem lebendigen Quell der Inspiration.

Oruc: "Durch die Lehren von Turgut Baba (sein letzter Meister) und Fazil Bey haben wir Folgendes verstanden. *Vahted al vujud* (die Philosophie der Einheit) ist deshalb so wichtig, weil auf der Ebene der Orthodoxie das Paradies ins Jenseits verlegt wird und man in dieser Welt lediglich bestrebt ist, sich das Recht darauf hier zu erwerben. Die Sufis denken anders. Das sufische Verständnis des Heiligen Koran bringt zum Ausdruck, daß das Paradies im diesseitigen Leben zu verwirklichen ist, und nicht erst im Jenseits. Dazu ist es notwendig, eine grundlegende Wandlung der eigenen Lebensführung und Einstellungen herbeizuführen. Neue Lebensperspektiven und ein neuer Lebensgeschmack sind zu erlangen, was anfänglich niemals einfach ist. Es gilt, alte Gewohnheiten und Sicherheiten fallen zu lassen. Dieses Paradies ist weitgehend von äußeren Lebensumständen unabhängig. Junus Emre sagt: "An der Fülle nicht froh, an der Leere nicht traurig, selig bin ich in meiner Liebe zu Dir (Gott)... " Das hier gemeinte Paradies hat vielmehr mit einer sich langsam entfaltenden inneren Haltung dem Leben gegenüber zu tun. Freude oder Leid gehören hier als zwei Seiten ein und derselben Münze dazu und werden beide – als von Gott kommend –

gleichermaßen dankbar angenommen. Die Entwicklung dieser Haltung kann durch Übungen, wie Fasten, Meditieren, sich aufrichtig nach Wandlung und Reifung sehnen, gefördert werden. Schritt für Schritt verdichten sich anfängliche Ahnungen und Hoffnungen – daß es im Leben auch andere, bislang unerschlossene Dimensionen gibt – zu Gewißheit.

Ein Prophetenwort sagt, daß "… die Menschen schlafen und es einiger auserwählter Menschen bedarf, sie zu wecken." Hierin begründet sich Funktion und Bedeutung des spirituellen Lehrers.

Doch, selbst wenn man diese Dimension anerkennt und erste Schritte in diese Richtung tut, lebt man noch immer im Bewußtsein von Dualität. Es ist eine schwierige, oft leidvolle Zeit und dennoch besser, als von einem jenseitigen Paradies zu träumen.

Über die *vahted* (Einheit) haben große Mystiker wie Niyazi Misri berichtet.

Aus dem Divane Niyazi:

114

willst du dich aus der dunkelheit deines vergänglichen daseins erheben
so beginne zu fasten
laß deinen leib leuchten gleich glühender kohle
droht deine nefs(2) dich zu überwältigen
so schlag ihr mit dem hammer des dhikr zum ausgleich aufs haupt
hat dich begierde übermannt und besiegt
so entziehe ihr weitere nahrung
oh herz ergreife das schild der GOTTESLIEBE
und verschenke dich nicht länger an den eitlen wahn und gelüste der welt
nimm dir zeit für GOTT der dich wahrhaftig liebt
oh niyazi wer wahrhaftig den weg des fastens geht
wird den seltenen gekosteten geschmack des wahren lebens erfahren

39

wenn eine seele diesen ort verläßt
und nicht zur reinsten form der liebe fand
wenn sie vergängliches nicht überwand
und so die wahre liebe niemals empfand
hat sie ihr ziel verfehlt
der äußeren erscheinung nach mensch
innerlich jedoch gleich einem tier
wer sich nicht selbst für die erlangung der
vollkommenheit zu mühen bereit
der hat sein ziel verfehlt
die wohnstatt von adams herz und sein geheimnis
liegen verborgen im unendlichen ozean
wer dürstend durch die länder zog doch den ozean nicht fand
der hat sein ziel verfehlt
manch einer zog – so schien es – arm durchs land
doch reichlich mit schätzen der einsicht erfüllt
wer sich zwar mühte doch den schatz nicht hob
der hat sein ziel verfehlt
zu wissen daß es der göttlichen hilfe immerzu bedarf
wem die gnade dieser erkenntnis zuteil – der wird zum sufi
wer nur namen verehrt doch den sultan nicht fand
der hat sein ziel verfehlt
im problem selbst liegt die lösung für das was dich bedrückt
wer sein problem nicht als heilsam empfand
der hat sein ziel verfehlt
der grund deines hierseins ist GOTT zu erkennen

oh niyazi wer diese wahrheit nicht lebt
der hat sein ziel verfehlt

143

oh herz komm und eile zu GOTT
finde frieden im schmerz der liebe
in der stadt deiner seele strahlen sonne und mond
wenn du wahrhaft mensch sein willst so erkenne
in allem zeigt GOTT sein angesicht
wohin du dich wendest zeigt ER seine schönheit
bleib unberührt von dem rang der dir im diesseits zuteil
denn am geschmack eines königsthrones wirst du nicht wahre sättigung
finden
vergiß auch im reichtum die demut nicht
denn wenn du wahrhaft mensch sein willst so erkenne
in allem zeigt GOTT sein angesicht
gebet demut derwischweg fasten und stille
zur ehre GOTTES sind wunderbar
besser noch wenn du halvet machst
aber wenn du wahrhaft mensch sein willst so erkenne
in allem zeigt GOTT sein angesicht
hast du dich verirrt so bitte um führung
denn in allem offenbart dir GOTT sein angesicht
wenn du wahrhaft mensch sein willst so erkenne
in allem zeigt GOTT sein angesicht
für den wissenden offenbaren sich seine namen in der schöpfung
durch sie kannst du ihr wesen verstehen
auch niyazi ist nur ein ausdruck GOTTES
wenn du wahrhaft mensch sein willst so erkenne
in allem zeigt GOTT sein angesicht

80
denk nichts schlechtes über das halvet(3)
denn ruhe und freude liegen darin
dein innerstes wird im halvet gereinigt
durch GOTTES LICHT das in ihm erstrahlt
im halvet erkennst du dich selbst durch deine seele
du stirbst dort vor deinem leiblichen tod
der weg in die unendlichkeit wird dir dort gewiesen
du erkennst darin daß du GOTTES bedarfst
dies ist die größte ehre die man erlangen kann
wer das halvet durchwandert wird zum meere sich weiten
sein fühlen wird tief gleich einem ozean

alle hürden werden überschritten und man lebt in erstaunen
über all das was GOTT den menschen schenkt
GOTTES LIEBE offenbart sich im halvet
sterne sonne und mond leuchten in diesem liebesbrand
die ruhende Erde die wirbelnden sonnen
sie alle liegen im halvet verborgen
zieh folgenden schluß aus dieser übung
nahes und fernes sie gleichen einander
keines weiteren wortes bedarf es denn du hast nun begriffen
und dies in direkter form
wer will in der fremde ans ziel gelangen
will gar im schmerz noch den frieden finden
will all dem (vergänglichen) entkommen
um von der quelle des lebens zu trinken
dies alles vermagst du im halvet zu finden
niyazi, laß ab von dir selbst
und binde den Leib an deine seele aus licht
wer sehnsucht nach GOTTES geheimnissen verspürt
mag sein daß sie ihm im halvet offenbart

127
begleiterin am wege zu GOTT
ist nefsidürür kamilin(4)
sie ist herrin deines herzens
die nefsidürür kamilin
wer sein wollen überwand fürchtet vergänglichkeit nicht mehr
denn er hat dem tod den schleier der täuschung entrissen
und so die reife erlangt
durch nefsidürür kamilin
geh' und mühe dich darum wahrhaft mensch zu werden
findest dies nur in dir selbst
der zustand eines zu reife gelangten
entspricht dem des GÖTTLICHEN schöpfungsakts
dies dank nefsidürür kamilin
lies die sure necm im heiligen koran
und lerne GOTTES worte zu verstehn
du der du die wahrheit verstehen kannst
dank nefsidürür kamilin
erstrebe den rang der geheiligten seele
denn dies ist deines herzens kern
wem dies gegeben ist zur reife gelangt
dank nefsidürür kamilin
man nennt dies den kern der schöpfung

den sieg der wahrheit oder auch wasser des lebens
wer davon gekostet ist zur reife gelangt
dank nefsdidürür kamilin
dies wird leib und seele erwecken
verstorbene werden auferstehen
durch den atemhauch eines zur reife gelangten
dank nefsidürür kamilin
dieser zustand beseelt auch niyazi
zerschneidet ihn gar oft und oft
und doch gleicht diese kraft einem einzigen ozean
ein kleiner geschmack schon daraus führt in die tiefen des wissens
offenbart dir den innersten wesenskern
dank nefsidürür kamilin

237
ich meinte auf dieser welt ohne freunde zu sein
bis ich in einem moment der selbstvergessenheit erkannte
daß es keinen mir ferne stehenden gibt
ich blickte um mich und sah dornen nicht den rosengarten
nun seh ich nur mehr den garten und nicht dornen
einst weinte ich tage und nächte lang
ich weiß heute den grund nicht denn nun weine ich nicht mehr
was unnötig war wich von mir seit ich zur einheit fand
ich kehrte zum geliebten zurück
denn die gesamte welt spiegelt nur IHN
es gibt keinen ort der trennung
denn alles ist mitsammen verbunden in IHM
religionen traditionen und ehre sie alle vergehen im wind
oh niyazi sag was bleibt
nicht einmal die äußere bindung an eine religion

16
oh ihr die ihr heilung von euren sorgen erhofft
erkennt ihr nicht daß das problem euch heilung ist
oh du der du frieden in deiner seele erhoffst
bist du bereit deine seele dafür zu geben
gib alles was du dein nennst gleich selahattin serhubi
öffne dein herz und weite was eng ist vergiß alles trennende
damit der GELIEBTE zu dir gelangt
dieser weg fordert glauben nicht zweifel und fragen
vertraue aufrichtig auf ALLAH
damit Seine wohltaten dich erreichen
verbinde dein innerstes ganz mit der einheit

zeige nicht jedem deinen innersten kern
richte den blick auf die zeichen deines meisters
lasse sie kriterium deiner klarheit sein
wer zu sehr um sich blickt
dessen weg ist verschlungen und unklar
seine hoffnung erfüllt sich auf diese weise nicht
warte geduldig vor der pforte des wissens
die wissenden werden ihr antlitz zeigen
laß dies- oder jenseits
laß anfang und ende
laß spröde vergängliche lieben sein
für deinen wunsch mag allein (SUBHAN) ALLAH genügen
such voll aufrichtigkeit die liebe im herzen
gib deine seele finde ALLAHS angesicht
wandle dein sein zu "nichts" bis nur mehr die liebe dir bleibt
aus schmerz wird glückseligkeit
aus rost wird honig und butter
aus felsen werden fruchtbare felder
die welt wird für dich ein garten sein
der weg zur wahrheit ist wahrhaft nicht leicht
die dergah der wahrheit ist unendlich groß
fehlt es an wahrer aufrichtigkeit
bleibt dir der weg zu IHM verschlossen
werde wahrhaftig gleich einem opferlamm
vergieße tränen der sehnsucht bei tag und bei nacht
singend und betend wie fließendes wasser
bald wirst du selbst dich zum ozean weiten
singe gleich nachtigallen
öffne dich gleich einer rosenknospe und verströme den duft
erschließe die kraft die dich in liebesbrand versetzt
dies brennen wird dir (gleich abraham) zum rosenhain
niyazi laß dein gesicht zu staube werden
schneide deine lungen mit dem was dich bedrückt
reinige den palast deines herzens
damit vielleicht dein SULTAN einst kommt

236
wer zu wissen gelangte versteht aus der tiefe
dies wissen gleicht einem unendlichen ozean
wer in seine tiefen getaucht weiß und versteht:
diese welt wird vergehen
eine nachtigall die aus liebe zu ihr singt wird uns
nicht verstehen

nur wen die liebe zu GOTT entrückte begreift und läßt ab davon
dies- und jenseits verändern zu wollen
wir sind nicht handlanger des dies- oder jenseits
nur wer vor sehnsucht nach GOTT ist zerbrochen erkennt
als abdal(5) entledigt er sich des gewandes der welt
wer so handelt versteht
wem schmerz und freude nicht gleich lieb sind
lebt immerzu im schmerz
nur wer dies überwunden wird zum könig der uns versteht
oh du im außen verhafteter mensch
was nützen dir all deine gebete zu GOTT
wer nicht trunken aus liebe kann uns nicht begreifen
wenn du ohne toleranz voll enge und starrsinn
wie willst du uns verstehen
wer trunken vom liebeswein weiß
wird zum verkünder der wahrheit
doch nur schritt um schritt
um das wenige zu begreifen
muß man erst zum wahren menschen reifen
jemandem der nicht einem tiere gleicht
oh niyazi heut' weitete sich ein tropfen zum ozean
wer tropfen bleibt und nicht zum meer wird kann uns nicht verstehen
diese welt verlassend um in der unendlichkeit zu wohnen
wer nicht zum geliebten der seele wurde kann dies alles nicht verstehen

7

oh herz komm und vertraue dich der liebe an
alle die an liebe und wahrheit glaubten haben dies getan
es gibt nichts das vor der liebe war
sie ist ursprung der schöpfung und wahrheit
alles wird einst vergehen nur liebe besteht fort
denn sie ist frei von anfang und ende
mein GOTT bitte gib du mir deine liebe als begleiter
und trenne mich nicht einen herzschlag von ihr
nimm alles aus meinem herzen was nicht wahre liebe ist
und gib mir deine liebe zum freund
dort ist das paradies wo liebende in der hölle vereint sind
wer im paradies ohne liebe lebt darbt in der hölle
oh niyazi willst du zum meister dieses weges werden
vertraue auch du der liebe,
denn sie geleitete alle heiligen ans ziel

42

oh bruder laß mich dir frohe kunde überbringen
bitte komm und höre mich an
mach dhikr(6) und bete ohne unterlaß
verlasse diesen weg nicht mehr
aus wessen herz tag und nacht dhikr erklingt
aus dem wird bald göttliches licht erstrahlen
wer immerzu sich so bemüht aus dessen herz wird alle angst entfliehen
erfüllt von GÖTTLICHER LIEBE wird er von ihr getragen sein
sie wird dich mit sehnsuchtsschmerz erfüllen
doch dies ist ein geschenk das nicht groß genug sein kann
oh niyazi bald wirst auch du den geliebten finden
durch ihn die einheit schauen und deine weltverhaftetheit
dann überwinden

238

meine seele gleicht einer nachtigall
alle dornen reifen zu knospen
überall sehe und höre ich nur mehr IHN
ER ist zugegen wohin ich auch blicke
so sehr lodert in mir der liebesbrand
daß der ozean zu sieden begann
meine tränen bezeugen's bin versunken in ihm
meine zunge verstummte
in mir ruft nunmehr alles nach IHM
mein körper wurde zur zunge
niyazi ruft: heut' wurde ich ferhad
grub einen tunnel durch diesen berg
offen steht nun der weg zu sirin
seh die geliebte wohin ich auch schau
wen kümmert noch hell oder dunkel
oder das was man über uns erzählt
an diesem punkt - oh niyazi - kehr um
denn du bist gerufen so komm

Diese Gedichte zeugen von den Erfahrungen, Idealen und Sehnsüchten der Sufis. Orucs letzter Meister Turgut Söylemezoglu oder auch "Turgut Baba" führte ihn in den gemeinsamen Jahren noch tiefer in die *vahted al vujud* ein. Turgut Baba war der letzte Schüler des letzten Dedes (Meisters) des Galata Mevlevi Konvents Ahmed Celaleddin Dede. Er lebte ein zurückgezogenes Leben eines Privatgelehrten und war eine tief beeindruckende Persönlichkeit. Er hatte seine Kindheit in Mekka verbracht, wo sein Vater Kommandant der osmanischen Garde war, welche zu jener Zeit die Kaaba bewachte. Turgut Baba sprach fließend sechs Sprachen und hatte den Heiligen Koran

Wort für Wort aus der Perspektive der *vahted al vujud* übersetzt. Oruc verbrachte längere Zeit im Hause seines Meisters und diente ihm. Auch er empfahl Oruc als Erstes das Buch "Das Ewige Rätsel" zu lesen. Als Nächstes führte er ihn in die Gedichte des Niyazi Misri ein. Turgut Baba vertrat die Ansicht, daß es einer sorgfältigen Vorbereitung bedürfe, ehe man einen Zugang zum inneren Wesenskern des Koran finden könne. Dieser gleicht ja, wie schon Rumi sagte, einem doppelseitigen Brokatstoff: An seiner Außen- wie auch seiner Innenseite vermögen die Menschen Freude zu entnehmen.

Turgut Baba war ein Meister des *Teffekür*, einer Form der Kontemplation, von der es in einem *Hadith* (außerkoranisches Gotteswort) heißt: "Eine Stunde vollkommenen *Teffekürs* hat den Wert von siebzig Jahren *namaz* (rituelles Gebet)."

Oruc ist ebenfalls ein Meister des *Teffekür* und in die Kette jener Mystiker einzureihen, die Gottessucher in die inneren Dimensionen des Islams einzuführen versuchen. Sein Zugang zu dieser höheren Wirklichkeit kommt in der von ihm gespielten Musik zum Ausdruck. Sein Musizieren berührt und öffnet die Herzen der Menschen und läßt ihre potentielle bzw. bereits bewußt gelebte Spiritualität in Resonanz geraten.

Orucs Musik und die Persönlichkeitsmischung aus Demut, Seelentiefe und "islamisch-türkischem Selbstbewußtsein" haben ihn weit über die Grenzen seiner Heimat bekannt gemacht. Sein Handeln ist von tiefer Gottesliebe und der Bereitschaft, sich dem Fluß der Ereignisse bedingungslos hinzugeben, getragen.

Ich erinnere mich noch gut an jene Tage vor 14 Jahren, als wir unsere ersten digitalen Musikaufnahmen machten. Ich hatte das entsprechende technische Equipment aus Österreich mitgebracht, und wir planten die Aufnahmen an den Gräbern großer Mystiker in der Türkei zu machen. Wir reisten zu diesem Zweck zu den Grabmälern Mevlana Celaleddin Rumis, Haci Bektaschis, Yunus Emres und anderer.

Natürlich verlief die Reise nicht wie vorgesehen, und wir trafen mit mehr als einem Tag Verspätung am Mausoleum Mevlana Rumis in Konya ein. Es war bereits Abend, als wir den Gräber- und Museumsbezirk betraten und beim Pförtner um ein Gespräch mit dem Museumsdirektor baten. Der Pförtner teilte uns mit, daß der Direktor am Morgen beruflich nach Ankara abgereist war, wir aber seinen Stellvertreter sprechen könnten. Wir trugen diesem unser Anliegen, im Mausoleum eine Musikaufnahme machen zu wollen, vor. Er erklärte sich freundlich lächelnd dazu bereit und fügte erklärend hinzu, daß er in der Vorwoche im TV ein Musikprogramm mit Oruc gesehen hätte, welches ihm sehr gut gefallen habe. Er hätte sich am nächsten Tag mit seinem Vorgesetzten über dieses Programm unterhalten, und dieser habe sich wenig begeistert gezeigt. Nachdem er aber heute morgen nach Ankara abgereist sei, stehe einer Erfüllung unserer Bitte nichts im Wege, außer einer zeitlichen Begrenzung von eineinhalb Stunden, da seine Angestellten nach Hause wollten.

Ich war vom Ablauf der Ereignisse gleichermaßen fasziniert wie verärgert. Ich hatte vor der Reise um teures Geld das technische Equipment gemietet und war von der Voraussetzung ausgegangen, daß alle nötigen Genehmigungen für Tonaufnahmen bereits vorab eingeholt worden wären. Die Realität war anders... Oruc nannte dies achselzuckend *Zuhurat*, Manifestationen des Augenblicks.

Im Mausoleum gab es wegen der knapp bemessenen Zeit keine Probemöglichkeiten. Jeder Handgriff, von der Positionierung der Musiker und der Mikrophone bis hin zur Aussteuerung der Klangpegel, mußte sofort passen. Ich hatte keinerlei Vorerfahrung in diesen Dingen. *"Inshallah"* (so Gott will) und *"Bismillah-irrahman- irrahim"* (ich beginne im Namen Gottes, des Erbarmers, des Barmherzigen) ersetzten die Tests und schon ging es los...

Mit der Zeit begriff ich, daß dies Orucs Art ist, Menschen zu lehren. Seine Devise lautet: Agiere so gut wie möglich in der sich ergebenden Situation. Vorbereitung und Planung von langer Hand sind ihm über weite Strecken fremd. Ob für ein Konzert, einen Vortrag oder eben Tonaufnahmen wie diese, alles geschieht immer scheinbar unvorbereitet und improvisiert – ob allein, in kleinen oder größeren Gruppen. Oruc lebt dieses Prinzip. So sehr er selbst damit in Einklang zu sein scheint, so sehr bringt er die übrigen Beteiligten damit bisweilen an ihre inneren und äußeren – auch organisatorisch machbaren – Grenzen.

Wenn wir wieder einmal in letzter Minute am Zielort eintrafen oder sich kurzfristig die eine oder andere Änderung in der Besetzung ergab – Oruc vertrat diese Dinge immer mit großem Charme und Gelassenheit, so daß ihm diese Überraschungen selten verübelt wurden. Mit einem europäischen Professionalitätsverständnis hat diese Vorgehensweise natürlich wenig gemeinsam, doch ist dies nicht Orucs Anliegen. Sein Verständnis von Professionalität ist es, Herzen zu berühren, fixe Vorstellungen und starre Strukturen aufzuweichen, um die Menschen empfänglich für das Geschenk des Augenblicks zu machen. Er ist der Auffassung, daß sich Menschen durch ihre fixen Vorstellungen oftmals einengen und potentieller Möglichkeit berauben. Bisweilen erzählt er hierzu folgende Geschichte: "Eines Tages ging Prophet Mohammed mit seinen Freunden an einem Tierkadaver vorüber. Wegen des Gestanks des verwesenden Tieres wandten sich seine Gefolgsleute angeekelt ab. Der Prophet aber blieb stehen und betrachtete den Kadaver mit großer Aufmerksamkeit. Dann sprach er: "Das Tier hatte ein schönes Gebiß..." Sufis nennt man auch "Kinder des Augenblicks".

Oruc ist in seiner spirituellen Lehre tief im Islam verwurzelt. Sein Selbstverständnis ist das eines Muslim, wobei er als zeitgenössischer Vertreter der *vahted al vujud* anderen Religionen mit großer Toleranz und Achtung gegenübertritt, was aber nicht heißt, seinen Standort zu verlassen. Im Verlauf unserer bisherigen gemeinsamen Jahre wurde ich an diesem Punkt bisweilen zum Zeugen schmerzhafter Mißverständnisse und überzogener Erwartungen. Wenn Oruc z. B. über Jesus spricht, so tut er dies vor dem Hintergrund seines muslimischen Verständnisses, welches er zu keinem Zeitpunkt aufgibt. Sein Angebot an Menschen anderer Religionen ist es, ihre bisherige Sichtweise durch eine weitere Dimension – die des islamischen Sufismus – zu erweitern. Für den Suchenden mit einem zumeist nicht-islamischen Hintergrund liegt hierin die Möglichkeit, Eigenes im Spiegel des anderen neu zu reflektieren und zu integrieren. Einheit meint hier nicht eine verpflichtende Übernahme fremder Meinungen, sondern die Arbeit an dem universellen Ideal der Gottes- und Menschenliebe, jenseits dogmatischen Recht-Haben-Wollens.

Ich möchte damit zum Ausdruck bringen, daß sich die Frage nach "richtigeren Formen" zu Gunsten eines offenherzigen Wahrhabens, Erfahrens und visionären Eintauchens in universelle Fragestellungen nach dem "woher" und "wohin" zu wandeln vermag.

Auf diese Weise mag sich eine Erkenntniskette von Information über Wissen zu Bewußtsein knüpfen, die eine geglückte Integration des theoretisch Gewußten und praktisch Erfahrenen in die jeweilige Lebenswelt ermöglicht.

Hierbei spielt die Entwicklung der Gottesliebe in Orucs Lehre eine entscheidende Rolle. Die Interpretation von "Glauben" als *Mahabba*/Gottesliebe durch den großen Mystiker und Vertreter der *vahted al vujud*, Ibn Arabi, war der Orthodoxie immer ein Dorn im Auge. Ibn Arabi zieht auf der Basis seines Konzeptes der Gottesliebe den Schluß, daß alle Religionen gleichermaßen wertvoll sind. Er schreibt hierzu: "Mein Herz ist jeder Form offen: Es ist eine Weide für die Gazelle, ein Kloster für die christlichen Mönche, ein Tempel für die Idole, eine Ka'ba für die Pilger (von Mekka), eine Tafel für die Thora und für den Kor'an. Ich praktiziere die Religion der Liebe."

Auch Oruc bezieht sich auf dieses Konzept der Gottesliebe, wenn er sagt: "Liebe" ist ein *hal*/Zustand, in dem die Realität direkt wahrgenommen wird... In ihm erkennt man, was wahr ist und was tatsächlich zählt und steht mit jedem Aspekt des Universums in Verbindung... (vgl. hierzu auch Buber 1997, S. 387.) Wenn "Liebe" im "Herzen" erscheint, beginnt ein bewußteres und sinnvolleres Leben und ein tiefes Wissen um die Wirklichkeit. Alte Gefühle, Sichtweisen und Annahmen lösen sich auf. Die Gabe der intuitiven Wahrnehmung zeigt sich u. a. dadurch, daß die (materielle) Welt ihren Einfluß verliert. Dennoch geht das Leben weiter, in einer anderen Dimension..." (persönliches Gespräch mit dem Autor 1998).

Nach diesem kurzen Exkurs über das Thema der Gottesliebe möchte ich zu zwei weiteren biographischen Schlüsselmomenten in Orucs Leben kommen:

In seiner Istanbuler Studienzeit lebte Oruc in sehr einfachen Verhältnissen. Er erhielt von seinen Eltern allmonatlich einen Geldbetrag, mit dem er bei sparsamer Lebensführung sein Auslangen finden konnte. Einmal wurde er von einem Freund gebeten, ihm aus seinen finanziellen Nöten zu helfen. Die erforderliche Summe entsprach genau jenem Geldbetrag, den Oruc von seinen Eltern soeben überwiesen bekommen hatte. Nach kurzem Zögern überließ Oruc seinem Freund dieses Geld und vertraute darauf, in diesem Monat schon irgendwie über die Runden zu kommen. Glücklich darüber, seinem Freund aus der Patsche geholfen zu haben, griff er einige Stunden später unwillkürlich in seine Brusttasche. Von dort zog er genau jene Summe Geldes heraus, die er seinem Freund geliehen hatte. Oruc: "Seit dieser Zeit mache ich mir über materielle Belange keine großen Gedanken mehr."

Während seiner Studienzeit hatte Oruc einmal zu viel Alkohol getrunken, und er verkühlte sich auf dem Heimweg. Mit letzter Kraft schleppte er sich in seine Wohnung. Er war so geschwächt, daß er die Wohnungstüre einen Spalt weit offen ließ, damit seine Freunde das Zimmer betreten und ihn finden konnten. In seinem Fieberzustand, gegen den kein Medikament zu helfen schien, versuchte er immer wieder, wenigstens für kurze Augenblicke in einen meditativen Zustand zu gelangen. Als ihm dies für einen Moment lang glückte, vernahm er eine Melodie, die ihn mit neuer Kraft und mit neuem Leben erfüllte. Die Musiker blieben in dieser Vision hinter einem Hügel verborgen. Oruc: "Als ich aus meinem Zustand wieder auftauchte, hatte ich zwar die Melodie vergessen, doch meine Genesung machte danach rasche Fortschritte. Seither bin ich auf der Suche nach dieser Melodie."

Musik in der islamischen Mythologie und Mystik

Die islamische Mythologie gibt vielerorts Auskunft über die Bedeutung von Musik und Klang: So schloß aus islamischer Sicht Gott einst einen Urvertrag mit den Seelen, indem Er sie fragte: "Bin ich nicht Gott für Euch?", und alle Seelen beantworteten diese Frage mit "ja".

In Erinnerung an diesen Dialog sehnen sich die Seelen nach dem einst vernommenen Klang der göttlichen Stimme – und hier kommt Ernst Bloch in den Sinn, der den Ursprung der Musik am "Ruf ins Entbehrte" ansiedelt. Diese Sehnsucht bildete die Grundlage für die schöpferische Tätigkeit von Poeten, Musikern und Komponisten im islamischen Kulturkreis. Eines der wohl berührendsten Beispiele entstammt der Feder Mevlana Celalludin Rumis. Die Rohrflöte "Ney" ist bei ihm das Symbol für die menschliche Seele, die vom Odem des Göttlichen Geliebten berührt, ihre Sehnsucht nach der urewigen Heimat in Gott singt und damit alle Menschen – Mann und Frau – gleichermaßen bewegt.

> *Hör auf der Flöte Rohr, wie es erzählt,*
> *und wie es klagt vom Trennungsschmerz gequält!*
> *"Seit man mich aus der Heimat Röhricht schnitt,*
> *weint alle Welt bei meinem Tönen mit!*
> *Ich such ein Herz, vom Trennungsleid zerschlagen,*
> *um von der Trennung Leiden ihm zu sagen.*
> *Sehnt doch nach dem In-Einheit-Lebens-Glück,*
> *wer fern vom Ursprung, immer sich zurück!*
> *Ich klagt' vor jeder Gruppe in der Welt,*
> *ward Guten bald und Schlechten bald gesellt;*
> *ein jeder dünkte sich mein Freund zu sein*
> *sucht' mein Geheimnis nicht im Herzen mein.*
> *Und doch, so fern ist meine Klage nicht –*
> *dem Aug und Ohre fehlet nur das Licht.*
> *So sind auch Leib und Geist einander klar –*
> *Doch welchem Auge stellt der Geist sich dar?*
> *Kein Hauch, kein Feuer sich dem Rohr entwindet –*
> *Verderben dem, den diese Glut nicht zündet!*
> *Der Liebe Glut ist's die ins Rohr gefallen*
> *der Liebe Brausen läßt den Wein nur wallen.*
> *Die Flöte – der Getrennten Freundin sie –*
> *zerreißt die Schleier doch die Melodie!*

Wer sah als Gift, als Gegengift ihr Gleiches?
Wer sah als Tröster und als Freund ihr Gleiches?
Vom Pfad im Blute will das Rohr berichten,
von Madschnuns Lieb' erzählet es Geschichten.
Vertraut mit diesem Sinn ist nur der Tor,
der Zunge Kunde höret nur das Ohr!
In Leid sind unsre Tage hingeflogen,
und mit den Tagen Plagen mitgezogen;
Doch ziehn die Tage, laß sie ziehn in Ruh,
wenn du nur bleibst der Reinen Reinster du!
Der Fisch nur wird vom Meere niemals satt,
lang wird der Tag dem, der kein Tagbrot hat.
Der Rohe kann den Reifen nicht verstehen –
so soll mein Wort denn kurz zu Ende gehn.

Hafiz, einer der bedeutendsten persischen Dichter, schreibt: "Viele sagen, das Leben sei mit Hilfe der Musik in den menschlichen Körper gelockt worden. Die Wahrheit ist aber, daß das Leben selbst Musik ist." Die Menschen fühlen sich laut Hafiz von der Musik deshalb angezogen, weil ihr ursprünglichstes Wesen selbst Musik ist: "Unser Geist und unser Körper; die Natur, in der wir leben; die Natur, die uns hervorgebracht hat; alles, was um uns herum ist – all dies ist Musik."
Darüber hinaus sehnt sich die Musik selbst danach, sich verständlich zu machen. Der Koranvers 17/44 spiegelt dieses Denken wider: "Alle Teilchen sind im andauernden Gottesgedenken, nur ihr Menschen versteht das nicht."
Dieser Vers wurde zur Grundlage für religiös motivierte Tanzzeremonien. Hafiz weiter: "Gott schuf nach seinem eigenen Bilde eine Gestalt aus Lehm und Wasser und bat die Seele, sie möge diesen Leib betreten. Die Seele jedoch weigerte sich, gefangen zu werden, denn es entspricht ihrem Wesen, frei und von Raum ungebunden und unbegrenzt zu sein . So verspürte die Seele nicht die geringste Neigung, dieses irdische Gefängnis zu bewohnen. Da bat Gott die Engel ihre Musik erklingen zu lassen, und als die Engel spielten, geriet die Seele in Ekstase. Durch diese Ekstase, und weil sie die Musik noch intensiver erleben wollte, trat sie in den Körper ein." Hafiz fügt erklärend hinzu: "Die Leute meinen, die Seele habe den Körper betreten, als sie dieses Lied hörte; in Wahrheit aber war die Seele selbst das Lied."
Für die Person Oruc Güvenc läßt sich sagen, daß er selbst Musik ist. Sein mittlerweile verstorbener Lehrer und Mentor an der Universität Istanbul, Prof Dr. Ayhan Songar, drückte dies einmal folgendermaßen aus: "Was immer es an zupf-, streich-, blas-, oder anschlagbaren Instrumenten gibt, Oruc bringt darauf Musik hervor."
Die Verbindung der bisher beschriebenen biographischen Aspekte ließ Oruc auch zu einem Pionier bei der Wiederbelebung der orientalischen Musiktherapie werden. In seiner Dissertation an der Universität Istanbul griff er diese alte Tradition erstmals wieder auf und lenkte das öffentliche Interesse auf die weltweit in dieser Form vermutlich einzigartige Musiktherapietradition.

Oruc gibt einige Grundlagen des sufischen Denkens und Handelns in Form von speziell hierfür ausgeschriebenen Seminaren weiter. Eine Vertiefung der dort vermittelten Inhalte bleibt jedoch in Art und Weise wiederum der einzelnen Person überlassen. Davon unabhängig ist seine Tätigkeit im Rahmen der Musiktherapieausbildungen, wo es ausschließlich um die Vermittlung therapierelevanter methodischer und musikalischer Kompetenzen geht.

Zum Schluß

Seit unserer Bekanntschaft und den sich rasch vertiefenden gemeinsamen Bemühungen begann die Altorientalische Musiktherapie (AM), in Europa relativ rasch Fuß zu fassen. Im Zuge dieses Prozesses ergaben sich Problemstellungen, die wir – trotz eines uns verbindenden Ideals – aufgrund unserer unterschiedlichen kulturellen Prägungen und Lebenswelt durchaus unterschiedlich interpretieren. Daraus ergab sich bislang ein äußerst fruchtbares und produktives Spannungsfeld, in dessen Umfeld sich die AM in Europa sehr dynamisch entwickelte.

Im Schnittpunkt dieser kulturellen Begegnung siedelte sich demgemäß auch mein privater und beruflicher Schwerpunkt an, dem ich nunmehr sechzehn erfüllte und beglückende Jahre verdanke.

Die Frage nach Wegen einer Implementierung der Altorientalischen Musiktherapie in den Westen, die dabei – ihren ursprünglichen Wesenskern bewahrend – auch eine authentische Integration mit den Grundwerten unserer Kultur zuläßt, wurde zu einem meiner zentralen Arbeitsgebiete.

Zusammenfassend möchte ich hierzu sagen, daß ich mich in meiner Funktion als Studiengangsleiter der in Europa praktizierten Trennung von Lehrinhalten an historisch vorhandene religiöse Bindungen verpflichtet fühle. So wird im Rahmen der Lehrgänge in Österreich eine klare inhaltliche Trennung zwischen Methode und etwaigem religiösem Bekenntnis vorgenommen, was konkret bedeutet, daß kein Student dazu verpflichtet ist, die philosophische oder religiöse Weltanschauung der Lehrgangsleitung oder der unterrichtenden Lehrer zu teilen.

Mit anderen Worten herrscht bei uns religiöser und weltanschaulicher Pluralismus. Diese Konzession an das europäische Bildungssystem birgt gleichermaßen Chancen und Gefahren in sich. Ersteres insofern, als sich die Gelegenheit für einen befruchtenden Dialog zwischen unterschiedlichen kulturellen Wertsystemen eröffnet; Zweiteres insofern, als die Gefahr konzeptioneller Beliebigkeit und Verwässerung nicht zu leugnen ist.

Eine tiefergehende Behandlung dieses Themas würde Ziel und Rahmen dieser kurzen Schrift sprengen.

So möchte ich abschließend Oruc für seine Liebe, Weisheit, Menschlichkeit und Geistigkeit danken. Als geistiger Lehrer, Musiker und Mensch hat Oruc Güvenc bislang nach meinem Dafürhalten bei vielen Menschen tiefe Erfahrungsspuren hinterlassen und mag als Spiegel von außergewöhnlicher Reinheit und Klarheit wesentlich dazu beigetragen haben, daß Menschen ihre Liebesfähigkeit wiedergefunden bzw. vertieft haben.

(1)   *Dieses Buch liegt mittlerweile in deutscher Sprache vor und heißt: "Die Visionen des Aynali Baba - Osmanische Erzählung nach Schabenderzadeh Ahmet Hilmi", übersetzt von A.H. Dornbrach, Verlag Gorski & Spohr.*

(2)   *Triebseele*

(3)   *Fasten in Einsamkeit, Derwischklausur*

(4)   *die erleuchtete Seele, der vollkommene Mensch, Transformation der Triebseele zur Lichtseele*

(5)   *Verrückter, Entrückter*

(6)   *Gottesgedenken in Form von Mantrenrezitationen*

(7)   *Anmerkung des Autors.*

Mag. Gerhard Kadir Tucek: *Studium der Theologie und Psychologie in Wien, der Angewandten Kulturwissenschaften in Klagenfurt und der Orientalischen Musiktherapie bei PD Dr. Oruc Güvenc. Leitung des "Instituts für Ethnomusiktherapie" im Schloß Rosenau, Österreich. 1997 Entwicklung und Durchführung des interfakultären Hochschullehrgang-Pilotprojekts für "Altorientalische Musiktherapie". Kooperationspartner sind: Hochschule für Musik in München und Marmara Universität in Istambul.*